POST TRUTH

Lee McIntyre

リー・マッキンタイア

ポストトゥルース

［監訳］ 大橋 完太郎

［訳］

居村 匠

大﨑 智史

西橋 卓也

人文書院

アンディとジョン
知を愛する仲間たちへ

ポストトゥルース　目次

凡例

・（　）の使用は原文にもとづく。ただし、原著にある英語表記および固有名詞の英語略称も（　）で示す。
・〔　〕は著者による補足を、訳者による補足は〔　〕で示す。

ポストトゥルース

客観的な真実というまさにその考えが世界から消えようとしている。嘘が歴史へと入っていくだろう。[1]

——ジョージ・オーウェル

序

わたしがこれを書いている二〇一七年の春、ポストトゥルースはもっともホットな話題だった。新聞の見出しやテレビでこの言葉を目にしたし、レストランやエレベーターでの会話でそれを耳にした。これは好都合でもあり、挑戦することに値する困難な状況でもあった。というのも、今なお新しく、進行形で、議論を呼ぶ主題なのだから。

本書は「エッセンシャル・ナレッジ〔基礎知識〕」シリーズ内のほかのものと毛色の異なるものになるかもしれない。テーマが独特だからだ。ポストトゥルースという概念は、真実が翳りつつあることに悩む者たちの後悔の感覚から生まれた。あからさまな賛同者でない者にとっても、この現象は少なくともあるひとつの観点を前提としている。それは、今日の政治の場において事実や真実が危機に瀕しているという考えだ。

こうした背景があるので、続く各章でも、学術的な書物に期待される冷静な中立性を保つのは不可能だろう。実際、そうしてしまうとポストトゥルースの特徴そのものである「偽の等価性」に手を貸すことになりかねない。ポストトゥルースの議論の「裏面」は、ポストトゥルースを弁護する者――あるいはそれを良いものだと考える者――ではなく、問題など存在しないと言う者たちによって進められている。だが（わたしの狙いは問題を曝露するということではないので）、ポストトゥルースについての書物をあえて書くのはそこに問題があると認めることなのだ。したがって、分析のなかでわたしは誠実であろうとは努めるが、公平な立場を約束することはできない。一方が偏っていて誤っているときに、すべてが等しいと言い張るのは真実の概念への敬意を欠いている。

　ポストトゥルースという考えが実際そんなに新しいのかといぶかる人もいるかもしれない。それは単にプロパガンダの言い換えではないか？　「オルタナティヴ・ファクト」は虚偽と変わらないのではないか？　だが事はそう単純ではない。これから検討する今日のわたしたちの状況に、歴史上先立つものがあるとしても、ポストトゥルースを別のものに還元しようとするのは誤りだろう。少なくともアメリカの政治においては、経験的な事柄について信念を形成する際、事実よりも感情のほうが重要だと述べるのは新しく思える。これまでわたしたちはさまざまな異議申し立て――真実という概念への異議にさえも――に直面してきたが、けれどもそうしたチャレンジが現実を政治に従属させるための戦略として、これほどおおっぴらに採用されたことはなかった。要するにポストトゥルースという考えにおいては、真実が異議申し立てを受けているという側面ではなく、政治的な優位を主張するための手段として真実への異議申し立てがなされているという側面が顕著なのである。そしてそういった理由で、ポストトゥルースという考えについて何が「基礎知識」なのかを理解しようとするなら、政治から目を逸らすことはできないのだ。

第一章　ポストトゥルースとは何か

世界的な欺瞞の時代において、真実を語ることが革命的な行為になるだろう。(1)

――ジョージ・オーウェル

「ポストトゥルース（post-truth）」という現象が一躍大衆の注意を引いたのは二〇一六年一一月、オックスフォード大学出版局辞典部門がこの単語を二〇一六年の今年の一語にノミネートしたことに始まる。単語の使用が二〇一五年に二〇〇〇パーセントという急激な上昇を見せたことを考えると、明白な結果に思える。リストに残ったほかの候補には「オルタナ右翼（alt-right）」や「ブレグジット主義者（Brexiteer）」などもあり、この年の政治的な状況がはっきり示されていた。すべての意味を含んだ語として、「ポストトゥルース」が時代を捉えていたように思われる。二〇一六年のブレグジット投票とアメリカ大統領選挙の特徴、つまり、あやふやな事実、論証におけるエビデンスの基準の棄却、明白な嘘といったものを前に、多くの人は仰天してしまった。もしドナルド・トランプが、自分が選挙に負けるとすればそれは不正操作のせいだろうと――確たる証拠もなしに――主張できていたならば、もはやそのとき事実や真実は重要ではなくなっていたのではないか？[1]

事態は大統領選のあと、さらに悪化した。トランプは――再び裏付けとなる事実が何もないままで――もし不正投票をした数百万の人を差し引けば、一般投票では本当は自分が勝っていただろうと宣言したのだ（一般投票はヒラリー・クリントンが三〇〇万票差で勝っていたのだが）。さらにトランプは、――アメリカの一七の情報機関のコンセンサスを無視して――ロシアはアメリカの選挙をハックしていなかったと主張した。[2] トランプ支持者のひとりは、「残念ながら、もはや事実のようなものは存在していない」と主張し、混沌とした状況を喜んで受け入れていたようだ。[3]

二〇一七年一月二〇日の大統領宣誓就任式のあとも、トランプは新たに虚偽を並べ立てた。彼が収めた選挙の大勝利はレーガン以来のものであると言い（そうではない）、就任式に集まった群衆の数はアメリカ史上最大であると言い（これが嘘であることは写真が証明しているし、ワシントンDCの地下鉄の記録によればこの日の乗客数は減少していた）、CIAでの彼のスピーチはスタンディング・オベーションを引き起こしたと述べた（彼は局員たちに座るように命じなかった）。二月の最初には、トランプはアメリカの殺人発生率はここ四七年で一番高いと発言した（実際は、FBIの犯罪統計報告書が示すところによると、この年の発生率は歴史的な低さと言えるほどであった）。[4] 最後の事例はとりわけひどいものに思える。というのも、この発言は、犯罪率が上昇しているという考えを押し通すやり方を探っていたときに、共和党大会でトランプが語っていたささやかな嘘をもう一度拾い上げたものだったからである。これについて質問されたとき、ニュート・ギングリッチ（彼は当時トランプの代理人だった）[2]がＣＮＮの記者アリサイン・キャメロタと交わしたやりとりが撮影されているが、おおよそ信じられないものである。

（1）以下の記事を参照。Ashley Parker, "Donald Trump, Slipping in Polls, Warns of 'Stolen Election,'" *New York Times*, Oct. 13, 2016.（https://www.nytimes.com/2016/10/14/us/politics/trump-election-rigging.html.）「ポストトゥルース」は、アメリカの大統領選挙の結果が判明するより早く、六月のブレグジット国民投票や七月の共和党によるトランプの大統領候補指名のあとで頻出するようになったことが理由で「今年の単語」に選出されたことを注記しておく。Amy B. Want, "'Post-Truth' named 2016 Word of the Year by Oxford Dictionaries," *Washington Post*, Nov. 16, 2016.（https://www.washingtonpost.com/news/the-fix/wp/2016/11/16/post-truth-named-2016-word-of-the-year-by-oxford-dictionaries/?utm_term=.ff63c5e994c2.）

（2）以下の記事を参照。Michael D. Shear and Emmarie Huetteman, "Trump Repeats Lie about Popular Vote in Meeting with Lawmakers," *New York Times*, Jan. 23, 2017, https://www.nytimes.com/2017/01/23/us/politics/donald-trump-congress-democrats.html; および Andy Greenberg, "A Timeline of Trump's Strange, Contradictory Statements on Russian Hacking," *Wired*, Jan. 4, 2017, https://www.wired.com/2017/01/timeline-trumps-strange-contradictory-statements-russian-hacking/.

（3）Scottie Nell Hughes on The Diane Rehm Show, National Public Radio, Nov. 30, 2016, http://talkingpointsmemo.com/livewire/scottie-nell-hughes-there-are-no-more-facts.

キャメロタ　：凶悪犯罪は減少しています。経済も上向きです。
ギングリッチ：大都市では減少していません。
キャメロタ　：凶悪犯罪と殺人発生率は低下しています。減っています。
ギングリッチ：ならば、シカゴやバルチモア、ワシントンで殺人発生率が増加しているのをどう思いますか?
キャメロタ　：確かに、いくつかの地域では、犯罪に対する取り組みがまだ本格的ではありません。
ギングリッチ：あなたの国の首都や、第三の大都市がそうなのですよ……。
キャメロタ　：しかし国全体を通しての凶悪犯罪は減少しています。
ギングリッチ：賭けてもいいですが、普通のアメリカ人なら、犯罪が減って、いっそう安全に生活できるようになったとは思わないでしょうね。
キャメロタ　：でも実際にそうじゃないですか。わたしたちは以前よりも安全に暮らせるようになったし、犯罪も減っています。
ギングリッチ：違いますね、それはあなたの考えに過ぎない。
キャメロタ　：これは事実です。国家機関ＦＢＩによって提出された事実です。
ギングリッチ：だが、わたしが言ったこともまた事実なのです……リベラルな人たちは、理論的には正しいとされる統計を用いるけれども、それは現実の人間の存在する世界の話ではない。最近よくそう言われますよね。

キャメロタ　：あなたが言ってることは……議長、ちょっと待ってください……リベラルがこうした数字を利用している、リベラルがこの種の数字のマジックを利用しているって言っているんですか。この数字はＦＢＩによる統計です。ＦＢＩは民主党の機関ではなく、犯罪対策の機関です。

ギングリッチ：そう言いたいわけではありません。けれども、わたしが述べたことも同じように真実なのです。人々が以前にも増して脅威を感じているのですから。

キャメロタ　：感じている、そうなんでしょうね。そうしたことを感じている人々がいる、と。けれ

（4）以下の三つの記事を参照。William Cummings, "Trump Falsely Claims Biggest Electoral Win since Reagan," USA Today, Feb. 16, 2017, https://www.usatoday.com/story/news/politics/onpolitics/2017/02/16/trump-falsely-claims-biggest-electoral-win-since-reagan/98002648/ および Elle Hunt, "Trump's Inauguration Crowd: Sean Spicer's Claims versus the Evidence," Guardian, Jan. 22, 2017, https://www.theguardian.com/us-news/2017/jan/22/trump-inauguration-crowd-sean-spicers-claims-versus-the-evidence; S. V. Date, "Of Course the CIA Gave Trump Standing Ovations: He Never Let Them Sit," Huffington Post, Jan. 23, 2017, http://www.huffingtonpost.com/entry/trump-cia-ovations_us_5886825e4b0e3a7356b183f および Jeremy Diamond, "Trump Falsely Claims US Murder Rate Is 'Highest' in 47 Years," CNN.com, http://www.cnn.com/2017/02/07/politics/donald-trump-murder-rate-fact-check/index.html.

どもそうしたことを裏付ける事実はありません。

ギングリッチ：政治を志すものとして、わたしは人々が感じていることに寄り添いたい。あなたは理論家たちと一緒にいればいい。(5)

ジョージ・オーウェルのディストピア小説『一九八四年』に書かれている愛情省でのぞっとするような会話を想像する人もいるかもしれない。実際、わたしたちがまさしく『一九八四年』中の暗い未来像――独裁国家を設立するにあたって真実が最初に犠牲となる状況――を実現している最中にあるかもしれないと悩んでいる者もいる。

オックスフォード大学出版局辞典部門は「ポストトゥルース」を、「公共の意見を形成する際に、客観的な事実よりも感情や個人的な信念に訴える方が影響力のある状況を説明するないしは表すもの」と定義している。この説明では、接頭辞の「ポスト（＝後）（post）」は、時間的な意味で（たとえば「戦後（post-war）」と同様の意味で）わたしたちが真実「以後」の世界にいる、ということを示すのみならず、真実が輝きを失った、つまり時代遅れのものになったということも意味している。これらの説明は多くの哲学者たちへの挑戦となるが、これが単なる学術的議論をはるかに超えたものだという点は注目に値する。二〇〇五年に、スティーブン・コルバート[3]は、ジョージ・W・ブッシュの決断の特徴を差して「真実ぽさ（truthiness）」という単語を造った（必ずしも事実によって裏付けされていなくとも、何かが真実だと感じられるかどうかによって説得されること、として定義される[4]。ブッシュはハリエット・ミアーズを連邦最高裁判所の判事に任命する際や、大量破壊兵器を証明する十分な証拠がないにもかかわらずイラク侵攻をした際など、大きな決断をするときに自分の「勘（gut）」に過剰に頼っていたのである。「真実ぽさ」という単語が作られた当時、この単語はジョークとして扱われていたが、人々にとってそれはもはや笑えるものではなくなりつつある[6]。

イギリスではブレグジットについての事実をおおむね度外視したキャンペーンがおこなわれ――EUに毎週三億五千万ユーロを送っているといういんちきな数字を何百台ものバスが広告していた[7]――、またハンガリー、ロシア、トルコでも、国民の意向に反した政治家たちによる偽の情報を用いたキャンペーンがおこなわれた。こうした状況で、多くの人が、ポストトゥルースが国際的なトレンドとなって急上昇していることを理解したが、反対に、自らの意見に合うよう現実を曲げてもいいと感じる者たち

（5）http://transcripts.cnn.com/TRANSCRIPTS/1607/22/nday.06.html.

（6）「ポストトゥルース」が二〇一六年の今年の一語に選ばれたことに対して、スティーブン・コルバートはこう言った。「怒り心頭だ。まず、「ポストトゥルース」は今年の一語じゃなくて、二語じゃないか。弱い語だからハイフンでつないでるんだ。あと、ポストトゥルースは二〇〇六年にわたしが造った単語「真実ぽさ」のパクリなんだから」。http://www.complex.com/pop-culture/2016/11/stephen-colbert-oxford-dictionary-post-truth-truthiness-rip-off.

（7）Jon Henley, "Why Vote Leave's £350m Weekly EU Cost Claim Is Wrong," *Guardian*, June 10, 2016, https://www.theguardian.com/politics/reality-check/2016/may/23/does-the-eu-really-cost-the-uk-350m-a-week.

も現れた。事実が大事でないという主張は、必ずしもキャンペーン上のものではない。むしろ、事実はつねに隠され選別されていて、真実のひとつの解釈のみをひいきする政治的な文脈において示されるという確信が存在している。トランプの大統領顧問であったケリーアン・コンウェイが意図していたのもこうした点であろう。数百もの空席を写した国立公園局の写真にむっとしたように見えたトランプに対して、彼女はトランプの就任式に集まった群集の数について広報部長であるショーン・スパイサーが示そうとしていたのは「もうひとつの事実（オルタナティヴ・ファクト）」だと述べた(8)。

結局のところ、ポストトゥルースとは単なる嘘のことなのか？　それとも単なる政治的な情報操作なのか？　正確にはどちらとも異なる。近年の議論が示しているように、「ポストトゥルース」という単語は、最低限の意味を定めるものでしかない。この単語は、真実という概念を重視し、それが攻撃されていると感じている者たちの懸念を表現している。しかし、そうした者たちは、論争を呼ぶ話題について「物語のもう一方の側面」を語ろうとしているだけだ、と感じている者たちもいるのではないだろうか？　実際、もうひとつの事実にぴったりの事例が存在していると感じている者たちはどうなるのか？

客観的な真実がただひとつ存在するという考えは、つねに論争の的であった。このことを認めると、必然的に保守主義者になるのだろうか？　それともリベラルになるのだろうか？　あるいは両陣営の混合となり、そこでは広い意味での左派的な相対主義者とポストモダン主義者が真実の概念に対する攻撃を数十年にわたっておこなってきたが、いまやそれは単に右翼的な政治諜報活動に吸収されてしまったということなのだろうか?

哲学における真理の概念ははるばるプラトンにまでさかのぼる。プラトンは（ソクラテスを通じて）知識への誤った要求がもつ危険を警告していた。ソクラテスによれば、無知は救済できる。人が無知であったとしても、教育の可能性がある。もっとも大きな危険は、すでに真実を知っていると思っている者たちの傲慢さから生まれる。なぜなら、そうしたとき、人はきわめて熱心に、間違った考えに基づいた行動をするからだ。そこで現時点で、せめて真理に関する最小限の定義を与えることが重要である。おそらくもっとも有名なものはアリストテレスによるもので、彼は「存在するものを存在しないと言い、あるいは存在しないものを存在すると言うは偽であり、存在するものを存在すると言い、あるいは存在しないものを存在しないと言うは真である」[9]と述べている。もちろん、哲学者たちは数世紀にわたってこの種の「真理の対応説」的思考が正しいかどうかをめぐって戦ってきた。この考えによれば、わたしたちはある陳述が真実かどうかを、その陳述がどれだけ現実に当てはまるかという点によってのみ判断する。その他の著名な真理の概念（整合説、プラグマティズム、意味論〔5〕）は、真理についての適切な「理

（8） Eric Bradner, "Conway: Trump White House Offered 'Alternative Facts' on Crowd Size," *CNN.com*, Jan. 23, 2017, http://www.cnn.com/2017/01/22/politics/kellyanne-conway-alternative-facts/index.html.

（9） Aristotle, *Metaphysics*, 1011b25. 〔アリストテレス『形而上学　アリストテレス全集第一二巻』出隆訳、岩波書店、一九六八年、一二六頁〕

論」に関する哲学者たちの見解の多様性を示しているが、真理が価値として重要であるということについての議論はほとんどない[10]。

しかしながら、喫緊の問題は、わたしたちが真理について適切な理論をもっているかどうかではなく、人々が真実を転覆させるさまざまなやり方をどのように理解すればよいのかという点にある。最初に重要なことは、わたしたちがときおり間違いを犯し、そうする意図はないが真実ではないことを言うことがあると認めることだ。この場合、人は偽りの言葉を発しているが、これは嘘の対極にある。なぜならこの誤りは意図的なものではないからだ。その次の段階は「意図的な無知」というもので、あることが真実かどうかはっきりと知らないときに、その情報が正確かどうかを確かめる時間をとらずにとにかく何かを述べてしまうことだ。この場合、話者には怠慢だという非難が浴びせられる。というのも、事実が簡単に入手できるときには、偽りを述べた人物に少なくともその無知について大なり小なり責任があるからだ。その次の段階が嘘をつくことで、人を騙すという意図をもって偽りを述べるときのことを指す。これが重要な段階だ。なぜならここでわたしたちは、話していることが真実ではないということを知りながら他人を騙そうとすることになるからだ。定義上、あらゆる嘘には受け手が存在する。誰も聞いていなければ（あるいは誰もそれを信じるはずがないと確信していれば）、偽りの言葉を発しても責任を感じなくてもいいかもしれない。けれどもわたしたちが真実ではないと知っている事柄を信じるように誰かを操作しようとするとき、わたしたちは事実の単なる「解釈」を脱して歪曲に至ってしまう。ポストトゥルースとはこういうことなのだろうか？

　上に述べた各段階の境目はおそらくははっきりしたものではなく、ある段階から次の段階への移行もあいまいなものだ。大統領就任前に国家安全保障問題担当大統領補佐官とロシアの政府筋のあいだには対話はなかったと最初にトランプが述べたときは、意図的な無知とみなされうる事例だっただろう。しかしそのとき彼の情報機関が、自分たちはトランプにまさしくそのことについてブリーフィングしていたことを明らかにしたならば――トランプはそれを二週間以上も否定していたのだが――人はこれが意図的だったのではないかと考え始める。数百万の不正投票がなくても一般投票では勝利していたはずだとトランプが繰り返し主張したあとのことだが、ニューヨーク・タイムズ紙は、大統領就任後三日しか経っていないにもかかわらずトランプは嘘をついたという見出しの記事を掲載するという大胆な決断を示した[11]。

　真実との関係については、ほかにも興味深いものがある。大胆だが厳密な著書『ブルシットについて〔邦題：ウンコな議論〕』[6]において、哲学者ハリー・フランクファートは、人が適当なことを言うとき、

---

(10)　認識論（知識についての理論）におけるこの魅力ある主題についてさらに読書をしたい人には、ハリー・フランクファートによる、学識豊かだが読みやすい『真理について』が最良の出発点となるだろう（Harry Frankfurt, *On Truth*, New York, Knopf, 2006）。真理についての各種理論についてさらに詳細を知りたいなら、フレドリック・シュミットによる編著『真理の諸理論』がある（Frederick F. Schmitt (ed.), *Theories of Truth*, New York, Wiley-Blackwell, 2003）。

その人は必ずしも嘘をついているわけではなく、何が真実かについて無関心で注意を向けていないことを示しているだけかもしれないと述べている。トランプもそうなのだろうか？　真実に対して人がとる態度には、もっと愛国的な別のものもある。ＦＢＩの統計よりもわたしたちが殺人発生率をどう感じるかが大事であるとギングリッチが主張するとき、彼はまさしく真実の価値を認めていないのだと人は感じる。ギングリッチはポストトゥルースを可能にする人材なのだ。自分たちの都合の良いように真実を「作り出して」政治的ないんちきを主導するものたちは、自分たちがやっていることを十分に（たいていの人たちと同じく）知っているが、単に適当なことをやっているわけではない。なぜならそこには他人に影響を与えるという明確な意図が存在しているからだ。だがポストトゥルースはさらに悪意に満ちた形でも存在している。自己欺瞞と誤った考えが含まれていて、ほとんどすべての信頼できる情報源と相反するような虚偽を誰かが信じているときがそれだ。ポストトゥルースのもっとも純粋な形は、大衆の反応がある嘘にまつわる事実を実際に改変するのだと誰かが考えるときに存在する。トランプがこの領域のどこにいるのかは専門家たちの議論の対象になるだろう。トランプは嘘つきなのか、無関心なのか、誠実さを認めていないのか、あるいは思い違いに取り憑かれているのか。何であれこれらすべては真実に敵対するものであり、ポストトゥルースとして認定できるのではないか。

　ひとりの哲学者として、わたしはこれらすべてのポストトゥルースが嘆かわしいものであるという思いを禁じ得ない。それらの違いを明らかにして、ポストトゥルースの名の下に考えられるやり方がいくつもあると理解したとしても、真実の概念に純粋に興味をもつ者の一員としては、どれひとつとして受け入れられない。しかし、無知や嘘、シニシズムや無関心、政治的情報操作や妄想を説明することが難しいわけではない。そうしたものと人類は数世紀にもわたって共存してきている。ポストトゥルース時代の新しさは、むしろ、現実の認識という考えに対する挑戦ではなく、現実そのものの存在に対する挑戦という点にある。たとえば、ある新薬が心臓病を治すということを信じるが実際にはそうならないといった場合においては、誤った情報を知らされた、ないしは間違えた人が対価を支払うことになるだろう。だがわたしたちの指導者たちが――ないしは社会における多数の人たちが――基本的な事実について否定するなら、世界は結果としてめちゃくちゃになってしまう。

南アフリカの大統領タボ・ムベキが、抗ＨＩＶ製剤は西洋による陰謀の一部でありニンニクとレモンジュースでエイズを治療することができると主張した際には、三〇万人以上の人間が死亡した。(12) 気候変

(11) Shear and Huetteman, "Trump Repeats Lie," https://www.nytimes.com/2017/01/23/us/politics/donald-trump-congress-democrats.html. この記事の二日後に出された以下の記事も参照。Dan Barry, "In a Swirl of 'Untruths' and 'Falsehoods,' Calling a Lie a Lie," *New York Times*, Jan. 25, 2017, https://www.nytimes.com/2017/01/25/business/media/donald-trump-lie-media.html. しかしながら、『ニューヨーク・タイムズ』がトランプを嘘つきだと言ったのはこれが最初ではない。以下を参照。"'New York Times' Editor: 'We Owed It to Our Readers' to Call Trump Claims Lies," NPR.org, http://www.npr.org/2016/09/22/494919548/new-york-times-editor-we-owed-it-to-our-readers-to-call-trump-claims-lies.

動とはアメリカ経済を破綻させるために中国政府が捏造したでっちあげであるとトランプ大統領が述べるとなると[13]、長期的に見たその結果は南アフリカと同じか、それ以上に破壊的なものになるかもしれない。とはいえ、こうした場合に見られる真の問題は、個々の（著しく良識に欠ける）信念の内容ではなく、——誰かにとって真実であることが望ましいような事柄に従う仕方で——特定の事実がほかのものよりも重要視されるという考えが全体を支配している点にある。単に気候変動否定論者たちが事実を信じていないというよりも、否定論者たちは自分たちのイデオロギーを正当化する事実を認めたいと思っているだけなのだ。あらゆる陰謀論者たちと同じく、彼らはダブルスタンダードを用いる。すなわち、世界中の気象学者たちが世界的な陰謀組織の一員であり気候変動に関する証拠を捏造していると（いかなる証拠もなく）信じると同時に、ここ二〇年で地球の気温は上昇していないことを示しているとされるもっとも都合のよい科学的統計だけを取り上げる[14]。否定論者やその他のイデオロギー信奉者たちは、信じたくない事実に対して腹立たしいほどに高い基準の疑いを採用するが、他方で自分たちの方針に当てはまる事実に対してはなんであれまったく容易に信じてしまう。主たる基準は、彼らの前提としている信念にとって都合が良いのは何なのかという点にある[15]。これは事実が廃棄されたわけではない。そうではなく、事実を信用できる仕方で集めて確かな仕方で用い、それによって現実についての信念を形成する手続きが腐敗したのである。実際、この手続きを排除すれば、わたしたちがどう感じるかにかかわらず真実は存在しているという考えは損なわれるし、真実を見つけようという試みがわたしたちの（そして政策実行者たちの）最大の関心事であるという考えも弱体化する。

先のところで、わたしはすでに、こうした事柄すべてを「真実の尊重」に関わる事項として特徴づけてきた。それらは、――科学のように――今まで正しい信念へと導いてきた探究の方法を受け入れるこ

（12） Sarah Boseley, "Mbeki AIDS Denial 'Caused 300,000 Deaths,'" *Guardian*, Nov. 26, 2008, https://www.theguardian.com/world/2008/nov/26/aids-south-africa.

（13） Louise Jacobson, "Yes Donald Trump Did Call Climate Change a Chinese Hoax," *Politifact*, June 3, 2016, http://www.politifact.com/truth-o-meter/statements/2016/jun/03/hillary-clinton/yes-donald-trump-did-call-climate-change-chinese-h/.

（14） この種の主張はテッド・クルーズによって顕著になされている。クルーズは、彼が典拠とする研究が修正され続けているにもかかわらず、ＮＯＡＡ（アメリカ海洋大気庁）のデータは気候変動の事例を証明するものではないと主張しようとする。以下を参照。Chris Mooney, "Ted Cruz's Favorite Argument about Climate Change Just Got Weaker," *Washington Post*, March 7, 2016, https://www.washingtonpost.com/news/energy-environment/wp/2016/03/07/ted-cruzs-favorite-argument-about-climate-change-just-got-weaker/?utm_term=.fb8b15b68e30.

（15） もっとも目立つ例は、二〇一七年三月にホワイトハウス報道官ショーン・スパイサーが失業率を四・七％として発表したことである。記者がトランプはその統計のことをかつての（オバマびいきだった時代の）「でたらめ（phony）」だと言ってはねつけたのではないかと質問したが、スパイサーは笑って、トランプがその質問を受けたならばその統計は「かつてはでたらめだったかもしれないが、今はまさにまちがいない」と言うつもりでいるというトランプの言葉を述べた。以下を参照。Lauren Thomas, "White House's Spicer: Trump Says Jobs Report 'May Have Been Phony in the Past, But It's Very Real Now,'" *CNBC.com*, March 10, 2017, http://www.cnbc.com/2017/03/10/white-houses-spicer-trump-says-jobs-report-may-have-been-phony-in-the-past-but-its-very-real-now.html.

とによって成立してきた。[16] もし誰かが、真実など重要ではない、あるいは真実のようなものは存在しないと主張するなら、そうした人たちに対して言うべきことがどれほどあるのか、わたしには自信がない。だがこれこそがポストトゥルースという現象ではないだろうか？　もし人がオックスフォード大学出版局辞典部門による定義を見て、そこに書かれていたことすべてが近年の公共の議論で現れている様子を見れば、ポストトゥルースとは真実が存在しないという主張ではなく、事実がわたしたちの政治的視点に従属するという主張なのだという感覚を抱くだろう。オックスフォード大学出版局辞典部門による定義は何がポストトゥルースなのかという点を焦点としている。それは感情がときとして事実よりも重要であるという考えのことだ。だが、それに続く問い、すなわち、なぜこれが今起こっているのかという問いも、同じくらい重要なものだ。明白な、あるいは容易に確証できる事実に対して理由もなく反論するものはいない。その人がそうするのは、そこにそうする利益があるからだ。ある人の信念が「不都合な真実」[7]によって脅かされるとき、その真実を疑う方が好ましいときがある。これは意識的なレベルでも無意識的なレベルでも起こりうることだが（なぜなら自分自身を納得させる必要がある場合さえあるのだから）、重要な点は、事実とのこうしたポストトゥルース的関係は、真実そのものよりも重要ななにかを擁護しようとしているときにのみ起こるということである。こうしてポストトゥルースはイデオロギー的優越の形式にまで高まるのであり、それによってポストトゥルースの実践者たちは、十分な証拠があろうとなかろうと、人になにかを信じさせようという試みをやめることはない。これが政治的支配のための秘訣なのだ。

しかしこうした状況には異議を申し立てる余地があるし、そうすべきである。政策が現実においてどれだけうまく機能するかという点においてではなく、わたしたちがそれについてどう感じるかという点に基づいて作られている世界があるとして、わたしたちはそうした世界で暮らしたいと思うだろうか？人間という動物は、迷信や恐れについてもなにがしかの信用を抱くようになっているのかもしれない。だがこれは、わたしたちが証拠を持ったよりよい基準を重要視することができるよう自らを鍛えることができない、という意味ではない。客観的な真理を知るわたしたちの能力については、論理的で理論的な疑問も存在するだろう。しかし、このことは、認識論学者や批評理論家たちが病気にかかったときに医者に行かないということを意味するわけではない。ましてや政府も、犯罪が増加していると「感じて」いるからといって刑務所を増築するはずがない。

ならば何をすべきなのか？　ポストトゥルースに立ち向かう第一歩は、それが発生した由来を理解することにある。何人かの解説者は、ポストトゥルースが単に二〇一六年にかけて突然発生したと思っているかもしれない。だがそうではない。「ポストトゥルース」という単語が頻出するようになったのは確かに最近の――ブレグジットとアメリカの大統領選挙の結果としての――ことだったかもしれない。

(16) Lee McIntyre, *Respecting Truth: Willful Ignorance in the Internet Age* (New York: Routledge, 2015).

だがポストトゥルースという現象そのものは数千年の歴史を遡ったところにそのルーツをもつものであり、リベラルも保守主義者も等しく共有している認知的非合理性が進化した結果なのである。すでに先に述べたように、ポストトゥルースのもうひとつのルーツは、客観的真理の不可能性を主張する議論であり、これは科学の権威を攻撃するために用いられてきた。これらすべてが近年のメディア環境の変化によって悪化し続けている。だがポストトゥルースの現象を理解することを試みることを通じて、ガイド役となる上質のロードマップを手に入れることができるだろう。

気候変動やワクチン、あるいは進化論といった事柄に関する科学の否定が急速に広まっている過去二〇年のなかに、今日ポストトゥルースのために使われている作戦の誕生を見つけることができる。わたしたちが生まれもっている認知バイアスや、真理についての問いに関する学術界のささいでつまらない議論、そして都合の良いメディアの利用は、右派による科学への攻撃のなかにかつてすでに存在していた。今やその戦場が事実に関する現実すべてを包括するようになっただけのことだ。かつてそれは気に食わない科学的な理論に対する異議申し立てであった。今やそれはアメリカ合衆国国立公園局による写真やCNNのビデオテープに対する申し立てとなった。

ポストトゥルースという現象は、異質で当惑させるものに思えるかもしれない。だが理解し難いものでもなければ理解を受け入れないものでもない。いや、それはむしろ非常に単純で、たったひとつの単語で理解できる。「トランプ」という語だ。政治家たちが事実に異議を申し立て、にもかかわらずいいかなる政治的な代価も支払わないで済むような世界においては、ポストトゥルースはどのような人物よりも大きな存在となる。それは指導者たちのなかだけではなく、わたしたちのなかにも存在している。その背後にある力は長い時間をかけて形成されてきた。こうした理由から、ポストトゥルースの理解のために、それを生み出した様々な要因を調査することが、わたしたちにできる最良の企てだとわたしは信じる。ブレグジットの投票とアメリカ大統領選挙はポストトゥルースと緊密に結びついているように見えるかもしれないが、ポストトゥルースを生み出した原因はそこにはない。むしろ両者はその結果だったのである。

第二章　科学の否定とポストトゥルース

事実が変わったら、わたしは考えを変えます。あなたならどうしますか？

——ジョン・メイナード・ケインズ[1]

ポストトゥルースの前兆は、ここ数十年間にわたって科学に生じていることのなかにあった。かつては科学的方法の真正さは尊敬されていたが、いまや科学の成果は、その結果にたまたま同意しない多数の非専門家により公然と疑問視されている。科学の成果がいつも科学者たち自身によって精査されていると指摘しておくのは重要だが、これはここでのわたしたちの話題ではない。

科学者が理論を提出するとき、その理論は複数の段階で査読され、再現が試みられ、同じ専門分野の人によるもっとも高い水準の実証的な事実検証をクリアすることが期待される。こうしたルールは理にかなっており透明性が高い。というのも、これらは科学理論の価値評価において実証的なエビデンスが優先されるという科学的価値観に従っているからだ。だが、もっとも厳正な安全網が張られているときでさえ間違いが生じる可能性はある。きわめて厳しいプロセスかもしれないが、可能な限り、優れた仕事だけが確実に合格するようにすることが重要なのだ。したがって、偏見を生み出す可能性があるなんらかの原因――利益相反や誰々の資金の出どころといったもの――を特定しないでいることは、とりわけ深刻に受け取られる。科学におけるこのような水準の高い自己精査があるのに、なぜ科学者でない者たちは科学の成果を疑問視する必要があると感じているのだろうか？　彼らは本当に、科学者は不真面目だと思っているのだろうか？　ほとんどの場合、彼らはそうではないと答えるだろう。だが、これこそまさに、自分たちのイデオロギー上の信念が科学の帰結に対立することを知っている人たちが日常的に拡散している類の主張なのである。[1]　門外漢は、科学者の動機と技量の双方を疑問視することが自身の利益になると感じることがある。ここから「科学否定論」が生まれるのだ。

　特定の科学の成果を好まない人々によってなされるもっともよくある主張のひとつは、その結果を発見した科学者に偏りがあるというものである。次のように考える人もいるかもしれない。すなわち、非実証的（宗教的、政治的）な信念が実証的な調査に及ぼしうる悪影響を認識することが、高い科学水準に対する敬意のしるしになるということである、と。残念ながら、慣習的に言ってこうしたことは妥当しない。事実として、きわめてありふれたことだが、特定の科学の発見に反対する人々にとっては、「率直さ」と「公正さ」を装って、ひとつの研究分野に対して自分たち自身のイデオロギーを試すリトマス試験をおこなうことで（彼らは自分たちのしていることを否定するかもしれないけれども）安心を得られるだろう。ここでの目的は、科学が公正であるという考えを覆し、あらゆる実証的な研究は本当に価値中立的なのかと疑いを投げかけるという冷笑的な試みにある。ひとたびこのことが確立されると、「ほかの」諸理論を検討することにもためらわず踏み出せるだろう。結局のところ、あらゆる科学は偏っていると疑う人ならば、誰かのイデオロギー上の信念に染められているかもしれない理論を検討することは、それほどひどいことではないように思えるかもしれない。

しかしながら、少しばかりずる賢い批評家たちは、選びぬかれた科学者たちも信用できる科学的基準を遵守する人たちではないと述べる。つまり彼らは、科学者たちは新しい考えを受け付けないし、自分自身の利己的な関心に無自覚だというのである。この考えの幾分かは、科学のプロセスについての明白な誤解（あるいは冷笑的な悪用）に、すなわち科学者たちは理論を証明するのに必要な最小限のエビデ

（1） トム・ニコルズは、近年の著作 *The Death of Expertise* (New York: Oxford University Press, 2017)〔トム・ニコルズ『専門知は、もういらないのか　無知礼賛と民主主義』高里ひろ訳、みすず書房、二〇一九年〕のなかで、このことは専門家ではない人が専門家に進んで挑戦しようとする、増大しつつある現象の一部だと説明している。最近のラジオインタビューのなかで、彼がロシアについての権威であると人々が知ったときになされる、ありふれたやり取りを用いてそのことを鮮やかに特徴付けている。「あなたはロシアについて多くのことを知っていますか？　わたしにロシアのことを詳しく説明させてください。」 "One National Security Professor Alarmed by 'The Death of Expertise,'" WBUR.org, http://www.wbur.org/hereandnow/2017/03/13/expertise-death-tom-nichols.

ンスを集めているにすぎないという誤った考えにもとづいている。もちろん、これは科学が進行する仕方ではない。つまり、たとえどんなに良いエビデンスがあっても、それだけでは科学理論が真であると証明することは決してできないのだ。たとえそれがどんなに厳しく審査されたとしても、理論は「理論でしかない」[2]。科学的エビデンスが集められるやり方を考えれば、将来現れるなんらかのデータが理論を反証する可能性が、理論的にはつねに存在している。だからと言って、科学理論が正しくないし信じるに値しないということではない。そうではなく、科学者は、ある点においては、自分たちのもっとも有力な説明でさえ真実として提示することはできず、所与のエビデンスによる正当化にもとづいた信念だけを強く保証するにすぎないと認める必要があるということだ。よく引き合いに出される科学的推論におけるこの弱点は、しばしば、自分たちは真の科学者であると主張する人々から都合よく利用されている――つまり科学が開かれたプロセスであるなら、別の理論を排除すべきではない、と言うのだ。そうした人々は、理論が絶対的に証明されるまで、競合する理論もつねに真でありうると信じているのである[3]。

わたしとしては、科学は認識論的な状況に制約されるべきではなく、その状況を真実の追求のための長所として受け入れるべきだと主張する。エビデンスがあるからこそ科学理論は十全に保証されていると述べることは、取るに足らないことでは決してない。実のところ、人がもっとも高い水準の実証的な説明を受け入れることを欲しているならば、科学理論と競合するニセ科学の理論にも証明責任があるのではないか? もし「証明」のゲームに勝つことができなければ、代わりにわたしたちは「エビデンス」のゲームをすることになりますが、さてあなたのエビデンスはどこにありますか、科学否定論者にそう尋ねたく思う人もいるかもしれない。そうした精査に直面すると、否定論者はいつも口をつぐむ。しかしながら、科学が実際にどのように進行するのかについてほとんど、あるいはまったく知らない人々にとっては、科学者たちが進化を「証明」できないということは、科学のもつ意外な弱点――別の理論にとって大きな機会――に思えるにちがいない。(もちろん厳密に言えば、誰も世界が丸いと「証明する」こともできない。)(4)

近年でもっとも顕著なこうした事例は、気候変動にともなって何が生じたのか、というものだ。地球の気温が上昇しているのかどうか、そしてその主要な原因は人間にあるのかどうかという問題をめぐる

(2) McIntyre, *Respecting Truth*, 8-9.

(3) けれども、科学的な確認は「すべてか無か」の現象ではないと認識することが重要である。エビデンスと理論の一致だけでなく、エビデンスと事前確率との一致によっても評価することのできる確証度がある。これをおこなうひとつの方法はベイズ推定だが、別の方法もある。こうしたことを考えると、厳密には「反駁した」と言えなくても、科学は代替理論を無視することができる。なぜなら、単にそれらは真実である可能性が圧倒的に低いからである。

(4) 再びここで問題なのは、科学理論のなかには、エビデンスが与えられれば、ほかの理論より信用することのできるものもあるということである。実証的な理論を信用できると判断するには、それを証明しなければならないと言うことは、論理的に不合理な基準である。

科学的な議論が実質上存在していないにもかかわらず、大衆は目隠しされたままでこの問題についての科学的な大論争があると考えつづけている。ほかの人たちがこの話を別のところで詳しく述べているので、ここではそれについて簡潔な要約に留めておく(5)。わたしの目的は、科学の否定という現象一般が、ポストトゥルースの現象を理解する方法と関係していることを示すことにある。だが、そのためには、時代をおそらくは少し遡ったほうがいい。科学の否定が本当に白熱しはじめたのは一九五〇年代のことだが、当時のタバコ会社は、喫煙が肺癌を引き起こすかどうかに疑いを投げかけることで既得権益が得られると気づいたのだ。

「疑いがわたしたちの商品なのです」

科学の否定は経済的要請とイデオロギー的要請のどちらからも生じる可能性がある。もっとも一般的には、科学の否定はそうしないとなにかを失う人々によってはじめられ、そのあと誤った情報のキャンペーンに巻き込まれた人々によって実行される。著書『嘘の法人』のなかで、アリ・レービン＝ハウトは、企業が出資する広範囲にわたるロビー活動（および嘘）が、気候変動、銃、移民、健康保険、国債、投票の改革、中絶、同性婚についての政治的状況にどう影響してきたのかを検討することで、経済的利益とポストトゥルースの政治とのつながりについてのわたしたちの理解を深めてくれる(6)。

喫煙をめぐる議論のなかで科学の否定が生まれてきた歴史については、いくつかの優れた資料がある。

『世界を騙しつづける科学者たち』のなかで、ナオミ・オレスケスとエリック・コンウェイは、タバコ産業研究委員会（ＴＩＲＣ〔Tobacco Industry Research Committee〕）の研究者が作り上げた策略が、どのようにして科学の否定のための青写真になったのかについて、その歴史を追っている。(7) この物語の経済的な側面は、のちにそこから生じるイデオロギー的なものとは対照的に、政治的対立と思われるものがいかに金銭上の利害に根ざしているのかを理解するために重要である。この点で、経済的な側面は、気候変動に対する草の根からの多くの反論がいかにして生じたのか（石油利権から資金を調達されていたのだが）についての顚末を裏付けている。そのことはまた、のちに伝えるが、利益を追求するクリックベイト〔2〕からはじまったフェイクニュースが、どのようにして本格的な偽の情報へと発展していったかについての話を予言するものでもある。

（5） James Hansen, *Storms of My Grandchildren* (New York: Bloomsbury, 2011); James Hoggan, *Climate Cover-Up: The Crusade to Deny Global Warming* (Vancouver: Greystone, 2009); Chris Mooney, *The Republican War on Science* (New York: Basic Books, 2005).

（6） Ari Rabin-Havt, *Lies, Incorporated: The World of Post-Truth Politics* (New York: Anchor Books, 2016).

（7） Naomi Oreskes and Erik Conway, *Merchants of Doubt: How a Handful of Scientists Obscured the Truth on Issues from Tobacco Smoke to Global Warming* (New York: Bloomsbury, 2010).〔ナオミ・オレスケス、エリック・M・コンウェイ『世界を騙しつづける科学者たち 上・下』福岡洋一訳、楽工社、二〇一一年〕ＴＩＲＣは一九六四年にタバコ研究協会に引き継がれたことに留意せよ。

物語は一九五三年、ニューヨークのプラザホテルからはじまる。ここに主要なタバコ会社の社長が集まったのは、タバコのタールを実験用マウスの癌と関連させる、当時発表されていた辛辣な科学論文をふまえて何をすべきかを考えるためだった。その会合のリーダーは広報活動の伝説的な人物であるジョン・ヒルで、彼はどの会社のタバコがより健康的であるかについて互いに争うのではなく、追加的な「研究」のスポンサーとなって「科学と戦う」統一的なアプローチを作り出すことが必要だと提案した。タバコ会社の重役たちは、ヒルによって新しく設立されたタバコ産業研究委員会を主催にしてこれに資金援助することに合意した。この委員会の任務は、喫煙が癌の原因になることは「証明できない」ということ、そしてその関連を明らかにすることを目的としたこれまでの研究が、「数多くの科学者」によって疑問視されていること、この二点を大衆に納得させることだった(8)。

そしてそれはうまくいった。喫煙と癌のあいだには「決定的な関連がないこと」を科学が示している(というのも科学はどんなふたつの変数にもそのあいだに決定的なつながりを示すことは決してできないからなのだが)という考えを利用して(9)、TIRCは大量の――四三〇〇万人に届く――アメリカの新聞に全面広告を打った。これがほぼ解決済みの科学的問題に混乱と疑いを生み出すという結果をもたらしたのである。レービン＝ハウトは次のように記している。

タバコ産業研究委員会(TIRC)は、喫煙が癌の原因となるという科学上の同意に疑いを投げかけるために、つまり、タバコのリスクについての話にはふたつの側面があり、そのそれぞれは等しく検討されるべきであることをメディアに納得させるために創設された。最終的に、委員会は、政治家をタバコ会社の経済利益に損害を与えることから遠ざけようとした。(10)

この話はそれ以後四〇年間にわたって――さらに不利な科学研究に直面してもなお――続く。将来起こる訴訟から会社を守る二〇〇〇億ドルの和解金の一部として、タバコ会社がＴＩＲＣの後続機関を閉鎖することに最終的に同意する（そしてその過程で、当初から真実を知っていたことを示す数千の内部書類が開示された）一九九八年までずっと、これが続いたのだ。当時タバコ会社は、そのリスクを知っていると思われる世界中の市場に、自分たちの製品を自由に販売していた。なぜタバコ会社はこんなことをし

（8） Oreskes and Conway, *Merchants of Doubt*, 14–16〔オレスケス、コンウェイ『世界を騙しつづける科学者たち 上』、三八－四二頁〕; Rabin-Havt, *Lies, Incorporated*, 26–27.

（9） 相関関係が因果関係と等しくないというのは、統計的推論の基礎である。たとえどれだけ相関関係の程度が高くても、一方のことがもう一方の原因になるはずだと推測するのは理にかなっていない。ここでもまた、わたしたちは「エビデンス」の問題へと戻る。高い相関関係は確かに、ふたつの変数が因果的に相関している可能性をより高めるが、実証的な問題を扱うさいはいつでも、つねに疑いの要素が存在する。このことを理解するための良い資料のひとつは、Ronald Giere, *Understanding Scientific Reasoning*（New York: Harcourt, 1991）。

（10） Rabin-Havt, *Lies, Incorporated*, 26–27; または、Oreskes and Conway, *Merchants of Doubt*, 16.

たのだろうか？　明らかに、この四〇年間で得られた利益はかかったコストをはるかに上回っているにちがいない。だがひとたびエビデンスが否定できないものになり、訴訟が本格的にはじまっても、会社は将来の利益が和解に支払った二〇〇〇億ドルでさえはるかに上回ると計算していたに違いなかった。それからわずか一〇年足らずで、一九五三年以来、喫煙と癌について知っていることを共謀して隠そうとしたことにより、タバコ会社は組織的犯罪取締法（ＲＩＣＯ法）のもと、詐欺で有罪となった。[11]

しかしながら、科学の否定に関して言えば、この問題は終わるにはほど遠かった。というのも、科学者たちに挑戦して彼らを行き詰らせたいと願う者たちにとっては、いまやこれが従うべき青写真になったからである。『世界を騙しつづける科学者たち』のなかで、オレスケスとコンウェイはこの青写真について詳細に説明している。さらに、この二名の著者は、ほかの科学否定論者がこの「タバコ戦略」を手本としたというエビデンスだけでなく、タバコ戦略にかかわった同じ人たちが何人か関係したというエビデンスも提供している。[12]一九六九年にタバコ会社の重役によって書かれた、「疑いはわたしたちの商品なのです。なぜなら、それは一般大衆の心のなかにある「一連の事実」に対抗する最良の手段なのだから」という悪名高い社内メモ以来ずっと、なすべきことははっきりしていた。[13]すなわち、専門家を見つけ資金を提供すること、この専門家を使って物語にはふたつの側面があることをメディアに示すこと、宣伝活動と政府へのロビー活動を通じて自分の立場を押し出すこと、その結果として生じる世間の混乱を利用して反駁したいあらゆる科学の成果に疑いを突きつけること、の四つである。

オレスケスとコンウェイが説明するように、こうした戦略は、レーガンの「戦略防衛構想（Strategic Defense Initiative）」、核の冬、酸性雨、オゾンホール、地球温暖化といった事柄をめぐる科学的「議論」に対しても後に首尾よく利用された[14]。これらのキャンペーンへの資金提供のいくらかは、まさにタバコ産業から提供された。二〇〇〇年代初頭に気候変動が党派の問題になるまでずっと、企業資金にもとづく科学の否定のメカニズムはきわめて円滑に作動していた。

金で雇われた専門家たちは偽の研究結果をでっちあげた。それは日々の話題となって伝染し、金で雇われたサクラによってテレビで繰り返され、ソーシャルメディアを通じて拡散され、必要とあれば有料広告のキャンペーンを通じて、人々の意識へと叩き込まれた[15]。

（11） Oreskes and Conway, *Merchants of Doubt*, 15, 33.〔オレスケス、コンウェイ『世界を騙しつづける科学者たち 上』、四〇－四二頁、七三－七四頁〕

（12） Ibid., 168.〔オレスケス、コンウェイ『世界を騙しつづける科学者たち 下』、七六頁〕

（13） Ibid., 34.〔オレスケス、コンウェイ『世界を騙しつづける科学者たち 上』、七五－七七頁〕

（14） Ibid., 35.〔同上、七七－七八頁〕

（15） Rabin-Havt, *Lies, Incorporated*, 7.

科学的な異議など作り出せるのに、なぜ調査する必要があるのか？　メディアを脅したり、宣伝活動をおこなえば自分たちの意見を拡散できるのに、なぜ査読で思い悩まねばならないのか？　そして、産業界の資金で政府の役人を左右することができるのに、「正しい」結論に至るまでなぜ彼らを待たせなければならないのか？　もちろん、これらの問いかけは驚くほど不誠実なものだが、それでも今日のポストトゥルースへと至る途上での一歩でしかない。二〇一六年以降、真実という概念それ自体に疑いが投げかけられているときに、リークされたメモ、決定的な証言、ビデオに収められた矛盾する言動を気にかけるのはむしろ古風なことのように思える。これほどまでに事態が進展することになると誰が知っていただろう？　そうなった理由は、次なるキャンペーンにおいてこうした策略が成功したことにある。それは、地球温暖化に抗するキャンペーンである。

気候変動とその果てに

地球温暖化はおそらく、現代の科学の否定に関するもっとも酷い事例である。すでに述べたように、本一冊にものぼるような仕事の数々が、人間が引き起こした気候変動についての反論し難い科学的エビデンスに異議を唱えるため、適当に調整され作りだされた「懐疑論」的な身振りを見せている。『世界を騙しつづける科学者たち』のなかで、オレスケスとコンウェイは、一九五〇年代の「タバコ戦略」から地球温暖化をめぐる今日の「論争」が一本の線で結ばれることについて、エビデンスを挙げて説明している。地球温暖化の場合、資金は化石燃料産業から調達されたようで、ハートランド研究所が問題となる「シンクタンク」である。気が滅入ることだが、ハートランドを支援する初期の資金の一部は、タバコ会社の大手フィリップモリス社から出ている[(16)]。長年にわたるほかの資金提供者のなかにエクソンモービルとコーク兄弟が含まれていたことを知っても、さほど驚かないだろう[(17)]。

ハートランド研究所は、一九九八年から二〇一〇年のあいだにエクソンモービルから七三〇万ドル以上を、一九八六年から二〇一〇年のあいだに、大量の石油およびエネルギー会社を有するコーク・インダストリーズを保有する、チャールズ・コークとデイヴィッド・コークと提携する財団から一四四〇万ドル近くを受けとっていた[(18)]。

---

(16) Oreskes and Conway, *Merchants of Doubt*, 234.〔オレスケス、コンウェイ『世界を騙しつづける科学者たち 下』、一九七－一九八頁〕

(17) 二〇一二年に、ハートランド研究所の資金調達計画がメディアにリークされたが、企業はその文書のなかの信憑性について異論を唱えている。以下を参照。Richard Littlemore, "Heartland Insider Exposes Institute's Budget and Strategy," *Desmog*, Feb. 14, 2012, https://www.desmogblog.com/heartland-insider-exposes-institutes-budget-and-strategy; https://s3.amazonaws.com/s3.document cloud.org/documents/292934/1-15-2012-2012-fundraising-plan.pdf; Suzanne Goldenberg, "Leak Exposes How Heartland Institute Works to Undermine Climate Science," *Guardian*, Feb. 14, 2012, https://www.theguardian.com/environment/2012/feb/15/leak-exposes-heartland-institute-climate.

二〇〇八年以来、エクソンモービルは気候変動を否定するすべての組織への投資を停止したと主張してきた[19]。この間ずっと、調査員が明らかにしてきたのは、エクソンモービルが気候変動についての事実をあいまいにするために資金を費やしながらも、かつて極冠氷が溶け出したときには北極での新たな掘削の機会を調査する計画を立てていたという事実であった[20]。現在、ハートランド研究所は、自分たちの研究所が化石燃料の利益から現在の資金を受けていることを示唆する者は誰であれ告訴すると警告している。ハートランド研究所は自分たちの資金源を公開するのを止めたので、彼らの言葉を受け入れなければならない。しかしながら、議論の余地がないのは、ハートランド研究所は、『エコノミスト』による説明（ウェブサイトで見ることができる）、すなわち、「人間がもたらした気候変動に対する懐疑論を促進している世界でもっとも著名なシンクタンク」という説明を受け入れていることである[21]。いくつかのリークされた文書にもとづけば、「公立学校で地球温暖化に関する教育の機会を減らし［また］化石燃料の排出がこの惑星の長期にわたる繁栄を脅かすという科学の発見に疑いを投げかけるようなカリキュラムを推進している」と『ニューヨーク・タイムズ』が記述している彼らの戦略についても、少しばかり知ることができるかもしれない[22]。

もちろん気候変動に異議を唱える組織はハートランド研究所だけではない。初めの頃には、エジソンエレクトリック・グループ（the Edison Electric Group）、米国石炭協会（the National Coal Association）、西部燃料協会（the Western Fuel Association）といった産業を背景とした組織と並んで、気候評議会

（the Climate Council）、環境についての情報評議会（the Information Council on the Environment）といった産業に支援された広報組織もあったが、それらはＴＩＲＣがタバコに対しておこなったことを地球温暖化に関しても応用するよう計画していたようだ。[23] 二〇一五年に閉鎖されるまで、ジョージ・Ｃ・マーシャル研究所（the George C. Marshall Institute）もまた気候変動についての（そして受動喫煙、酸性雨、

（18） Juliet Eilperin, "Climate Skeptics Target State Energy Laws, Including Maine's," *Bangor Daily News*, Nov. 25, 2012, http://bangordailynews.com/ 2012/11/25/politics/climate-skeptics-target-state-energy-laws-including-maines/.

（19） しかし、エクソンモービルが実際にこの約束を守ったのかどうかについて、最近のメディアでいくらか疑問視する声がある。Alexander Kaufman, "Exxon Continued Paying Millions to Climate-Change Deniers under Rex 178 Tillerson," *Huffington Post*, Jan. 9, 2017, http://www.huffingtonpost.com/entry/tillerson-exxon-climate-donations_us_5873a3f4e4b043ad97e48f52.

（20） Steve Coll, *Private Empire: ExxonMobil and American Power* (New York: Penguin, 2012)〔スティーヴ・コール『石油の帝国――エクソンモービルとアメリカのスーパーパワー』森義雅訳、ダイヤモンド社、二〇一四年〕; "ExxonMobil: A 'Private Empire' on the World Stage," NPR.org, May 2, 2012, http://www.npr.org/2012/05/02/151842205/exxonmobil-a-private-empire-on-the-world-stage.

（21） https://www.heartland.org/Center-Climate-Environment/index.html.

（22） Justin Gillis and Leslie Kaufman, "Leak Offers Glimpse of Campaign against Climate Science," *New York Times*, Feb. 15, 2012, http://www.nytimes.com/2012/02/16/science/earth/in-heartland-institute-leak-a-plan-to-discredit-climate-teaching.html.

（23） Rabin-Havt, *Lies, Incorporated*, 42.

オゾンホールについての）懐疑論を生み出す上で重要な役割を果たしていた。ただし、この場合——化石燃料の利益からいくらか資金提供があったにもかかわらず——社会的問題に対する「大きな政府」という解決策を否定するという彼らの政治的イデオロギーが、大きな原動力になったのではないかと疑う者もいる。[24] 一部の大学の科学者（彼らはハートランド研究所で講演をおこなうとロックスターのように扱われる）でさえ、気候変動について疑問を提起してきた。だが、気候変動に関して「科学的なコンセンサス」はない——あるいは気候変動は「確定した科学」ではない——と主張することは冗談じみている。

二〇〇四年に、研究者たちはその当時の気候変動に関する九二八の科学論文の文献レビューを出版し、そのうち人間による気候変動が現実のものであるという考えに異議を唱える論文はきっかりゼロであることに気づいた。[25] 二〇一二年になされたこうした発見の更新版では、ほかの研究者たちが、一万三九五〇の論文のなかで反対者の数は〇・一七％であることを発見した。[26] 気候変動について見解をはっきりさせている査読済みの四〇〇〇の論文を対象とした二〇一三年の調査では、地球温暖化は人間の活動によって引き起こされたという見解に九七％が賛成していることを発見した。[27] 一方で、最新の世論調査によると、「ほぼすべての気候科学者が気候変動の大半の原因は人間の活動にあることに同意している」と考えている者はアメリカの成人のうち二七％しかいない。[28] なぜ気候変動が現実のものであるかどうかだけでなく、気候変動について科学者が同意に達しているかどうかについても、これほど広範にわたる大衆の混乱があるのだろうか？　それは、気候変動を促進することで金銭的な利益を得る人々によって、ここ二〇年にわたって臆面もなくそうした疑いが作りだされてきたからである。

> 一九九八年に、アメリカ石油協会（ＡＰＩ）は［…］地球規模の温室効果ガス排出を削減するために締結された主要な気候変動枠組条約〔京都議定書〕に対して業界としての対応の可能性を議論するために、ワシントンＤＣにある同社のオフィスで一連の会合を開いた。出席者のなかには、エクソン、シェブロン、サザン・カンパニーを含む同国の大手石油会社数社の代表者がいた。[29]

ジョン・ヒルの亡霊や一九五三年のタバコ会社の重役たちも出席していたのだろうか。その会合の議事

(24) Ibid., 38.
(25) Mooney, *The Republican War on Science*, 81.
(26) https://www.desmogblog.com/2012/11/15/why-climate-deniers-have-no-credibility-science-one-piechart.
(27) Rabin-Havt, *Lies, Incorporated*, 40. 残りの三％はどうなっているのだろうか？ 後の調査で、気候変動について反対意見を述べる実質上すべての研究に、方法論上の誤りが見つかった。Dana Nuccitelli, "Here's What Happens When You Try to Replicate Climate Contrarian Studies," *Guardian*, Aug. 25, 2015, https://www.theguardian.com/environment/climate-consensus-97-percent/2015/aug/25/heres-what-happens-when-you-try-to-replicate-climate-contrarian-papers.
(28) http://www.pewinternet.org/2016/10/04/the-politics-of-climate/.
(29) Rabin-Havt, *Lies, Incorporated*, 34.

録はおそらく秘密にしておくつもりだったのだろうが、すぐにリークされたおかげで、今回大衆は、そこで議論されたことを知るのに四〇年間も待つ必要はなかった。[30] 大まかな作戦を記したメモには次のように書かれている。

次のとき勝利が達成される

- 標準的な市民が気候科学の不確定性を「理解する（認識する）」。つまり、不確定性の認識が「社会通念」の一部となる。
- 「メディア」が気候科学の不確定性を「理解する（認識する）」。
- 「メディア報道内容」は、気候科学と、目下の「社会通念」に異を唱える見方が妥当であるという認識、この両者のバランスを反映する。
- 業界の最高幹部が気候科学の不確定性を理解し、その人たちが気候政策をかたちづくる人々へのますます有力な大使となる。
- 拡張した科学［原文ママ］にもとづいて京都議定書を推進する人々が、現実とかけ離れているように見える［原文ママ］。[31]

「タバコ戦略」とＡＰＩの行動計画には、無視できないほど強い類似性がある。リークされたメモを読めば、この計画を実装するための策略の重要な部分が以下の通りだとわかる。すなわち、（一）「五人の独立科学者からなるチームを選定し、召集し、訓練し、メディアを通じた働きかけに参加させる」、（二）「世界気候データセンターを［…］非営利の教育財団として設立し」、（三）「連邦議会議員に情報を知らせ、教育する」というものである。これらすべてに聞き覚えがあるのではないだろうか？

ここで話を止めてもいいだろう。この話の残りの部分も魅力的だが、この章の全体にわたって引用されている資料に目を向ければ、あなたはそれを知ることができる。肝心な点は、作られて一週間も経たないうちに完全に暴露されたＡＰＩの戦術は、それにもかかわらずいまだに大成功を収めているということだ。「事実」は重要ではなかった。いまやメディアは、どんな「論争中の」科学的論点についても、反射的に「話の両面」を提示するように訓練を受けている。その結果、大衆は混乱したままである。そして（ジェームズ・インホフ議員やテッド・クルーズ議員のようなほかの著名な共和党議員に囲まれて）わたしたちの新しい大統領は、気候変動がでっちあげだと主張しつづけている。

（30） John H. Cushman Jr., "Industrial Group Plans to Battle Climate Treaty," *New York Times*, April 26, 1998, http://www.nytimes.com/1998/04/26/us/ industrial-group-plans-to-battle-climate-treaty.html.

（31） この引用は元の出典からもう入手できない（http://www.euronet.nl/users/e_wesker/ew@shell/API-prop.html）。とはいえそれは、James Hoggan and Richard Littlemore, *Climate Cover-Up: The Crusade to Deny Global Warming* (Vancouver: Greystone, 2009), 43. を含む、いくつかのほかの著作で引用されている。

ポストトゥルースとの関係

科学の否定に関するこれらの事例からの教訓は、今日の政治家にとっても失われていないはずだ。戦略を隠す必要すらなくなったようにさえ見える。党派性が想定される環境においては、多くの場合エビデンスを見るよりむしろ「チームのメンバーを選ぶ」だけで十分であって、そこでは誤った情報が公然と広まり、事実検証が軽んじられることがある。自分の立場を支える事実を選択して使用することと、そうでない事実を完全に拒絶することが、新たなポストトゥルース的現実を生み出す本質的な要素であるように思える。事実と真実を大切にする人々にとっては信じられないことのようだが、政治的な成果を成し遂げたいと思っている人々が、事実と真実を大切にすることに政治的な対価を払わずに、自分の足跡を隠すことに思い悩むのはなぜだろうか？　何年にもわたってドナルド・トランプが「バーサー」陰謀〔3〕の存在をほのめかしつづけたのは、彼が間違いなくこのことを学んでいたからであって、その後で彼は大統領に選ばれたのである。ある人物の支持者が、エビデンスが語っていることよりも自分がどちらの側にいるかを気にかけているなら、まさしく事実は意見に従属するかもしれない。

今日のポストトゥルース的世界で用いられている策略は、〔科学的〕真実を否定する者たちによる最初期のキャンペーンのなかで習得されたものだった。彼らは科学上のコンセンサスに挑戦し、それに勝ちたいと望んでいた。そして、もし気候変動についての事実を否定できるならば、なぜ殺人率についての事実を否定しないでいるだろうか？[32]　もし、数十年間にわたる誤った情報と疑いによってタバコと癌の関係を覆い隠すことが可能であるならば、政治的な色合いをもつほかの問題にも同じことがあてはまると考えないでいる理由はあるだろうか？　これまで見てきたように、それは同じ基礎からなる戦略なのである。それはいまやいっそう大きな標的を、つまり現実それ自体を標的としている。イデオロギーが科学に勝利する（trump）ような世界においては、ポストトゥルースが次に不可避な段階としてやってくる。

（32）　こうしたことがすでに起こっており、またおそらくタバコ戦略が殺人率に現在利用されているとするエビデンスがある。専門家たちは殺人率が歴史的に見て最低に近いと同意しているが、世論では殺人率が高いという見方が強まっている。Tristan Bridges, "There's an Intriguing Sociological Reason So Many Americans Are Ignoring Facts Lately," *Business Insider*, Feb. 27, 2017, http://www.businessinsider.com/sociology-alternative-facts-2017-2.

第三章　認知バイアスのルーツ

人々が未来を予測できるのは、未来が自分の希望と一致するときだけであり、もっとも掛け値なしに明白な事実は、それが歓迎されていないならば、無視されうる。〔1〕

――ジョージ・オーウェル

ポストトゥルースのもっとも深いルーツのひとつは、もっとも長いあいだわたしたちと共にあったものである。それは人間の進化の歴史のなかでわたしたちの脳に組み込まれてきた。認知バイアスというものだ。心理学者たちは数十年間にわたって、わたしたちが自分で考えているほど合理的ではないということを示す実験をおこなっている。こうした研究には、予期していなかった真実、あるいは不快な真実に直面するとわたしたちがどのように反応するのかに直接関係するものもある。

人間の心理学における中心的な考えは、わたしたちは心理的な不快感を避けるよう努めるというものだ。自分自身を悪く思うことは快ではない。心理学者のなかにはこのことを（フロイトの理論にならって）「自我防衛」と呼ぶものもいるが、それをフロイトの理論的枠組みのなかに位置づけるかどうかはともかく、概念ははっきりしている。自分は賢く、物知りで、有能な人間だと思う方が、そう思わないよりも気分がいいのである。自分が信じていることが本当でないと示唆する情報に直面するとき、何が起こるか？　それは心理的な緊張を生み出す。虚偽を信じているわたしが、いったいどうして自分は知的な人間だなどと言えるのか？「なんて自分は愚かだったんだ！　答えはつねにわたしの目の前にあったのに、わたしはそれをわざわざ見ようとしなかった。わたしは馬鹿にちがいない」という自己批判の激しい攻撃のもとで、非常に長く持ちこたえることができるのはもっとも強い自我の持ち主だけである。だから、自分の信念を変えることで、心理的緊張をしばしば解消することになる。

しかしながら、複数ある信念のなかでどの信念が変わるのかということが、きわめて大きな問題だ。人は、誤りであることが示されるのはつねに信念全体だと考えがちである。もしわたしたちが経験的な現実の問題について間違っていたとしても――そして最終的にそのエビデンスに直面しても――疑うにふさわしいひとつの信念を変えることで、わたしたちのその他複数の信念を調和状態に戻すことは、ごく簡単なことではないだろうか。とはいえ、これは必ずしもつねに起こるものではない。信念の束を調整するには多くの方法があり、そのなかには合理的なものもあればそうでないものもあるのだ(1)。

社会心理学の三つの古典的な発見

一九五七年、レオン・フェスティンガーは先駆的な著作『認知的不協和の理論』[2]を出版した。そのなかで彼は、わたしたちは自分の信念、態度、行動のあいだに調和を求めており、それゆえ、それらがバランスを欠いたとき、心理的な不快感を経験するという考えを提示した。解決を求めるにあたって、第一に目指されるのは自己価値の感覚を保つことである。典型的な実験において、フェスティンガーは被験者たちに極端に退屈な作業を与え、その対価としてある者には一ドルを、ある者には二〇ドルを支払った。その作業を終えると、被験者は自分のあとでその作業をする人に、作業が楽しいものだったと伝えるよう要求された。フェスティンガーは、一ドルを支払われた被験者の方が、二〇ドルを支払われた被験者よりも、作業をはるかに楽しいものだったと伝えていることに気づいた。なぜだろうか？　彼らの自我が賭けられていたからである。実に楽しいものでもない限り、誰がたった一ドルで、無意味で無用な作業をしたがるだろうか？　不協和を低減させるために、〔一ドルを支払われた〕被験者たちは、その作業が退屈なものだったという信念を変えたのである（他方で、二〇ドルを支払われた人々は自分たちがなぜそれをおこなったのかに関して幻想を抱くことはなかった）。別の実験では、フェスティンガーは

（1）　合理的な信念でさえ適合させる多くの方法があるという考えについては、W. V. O. Quine and J.S. Ullian, *The Web of Belief* (New York: McGraw Hill, 1978) を参照。

被験者に彼らが実際には認めていない主張を支持する抗議の署名をさせた。驚くことが起こった！　署名をした後、被験者たちはその主張が最初に考えていたより少しは価値があるよう感じはじめたのだ。

だが、ただ退屈な作業や署名をすることに比べてはるかに労力を費やした場合には、何が起こるだろうか？　わたしたちがなにかについて公的に立場を表明し、あるいはそれに人生を捧げさえして、後になってただ自分たちが騙されていたと気づいたとしたら、どうなるだろうか？　フェスティンガーは『ドゥームズデイ・カルト（The Doomsday cult）』〔3〕とよばれる著作のなかでまさにこの現象を分析した。そのなかで彼はザ・シーカーズ（The Seekers）と呼ばれる集団の活動を報告している。リーダーのドロシー・マーティンは、一九五四年一二月二一日に世界が終末を迎える前に自分たちを助けに向かっている宇宙人からのメッセージを書き記すことができる、信者たちはそう信じていた。自分たちの所有物を全部売ったあと、彼らは山の頂上で待っていたが、結局宇宙人は一度も姿を現さなかった（そしてもちろん世界は終末を迎えることは決してなかった）。その認知的不協和はすさまじかったにちがいない。彼らはどのようにしてそれを解消したのだろうか？　ドロシー・マーティンはすぐに信者たちに挨拶し、新しいメッセージを送った。彼らの信仰と祈りがあまりに強力だったので、宇宙人は自分たちの計画を中止することを決めたのだ、と。ザ・シーカーズは世界を救ったのだ！

騙されやすい馬鹿者たちの信仰としてこれを外部から片付けることは簡単だが、フェスティンガーらによるさらなる実験で、わたしたち全員が――程度の差こそあれ――認知的不協和を被っていることが示された。遠く離れたところにあるスポーツクラブに加入したとき、トレーニングがあまりに厳しいので週に一回行きさえすればいいんだと友人に言うことで、会費の支払いを正当化するかもしれない。また、有機化学で好ましい成績を取ることができなかったとき、どうであれ、まったくもって医学部には行きたくなかったと自分に言い聞かせることもある。とはいえ、認知的不協和には過小評価されるべきではない別の側面もある。それは、自分と同じことを信じている人々が周りにいるときに、そのような「非合理な」傾向が強化されやすいという点だ。もしひとりしか「ドゥームズデイ・カルト」[4]を信じていなかったなら、ひょっとすると彼ないし彼女は自殺したり、失踪したりしたかもしれない。しかし、誤った信念が他人と共有されると、ときにまったく信じられないほどの誤謬でさえ合理化されうるのである。

一九五五年の先駆的論文「意見と社会的圧力」のなかで、ソロモン・アッシュは信念の社会的な側面について説明している。もし自分の信念が自分の周りにいる人と調和していないと感じるならば、わたしたちは自身の感覚という根拠さえ軽視するというのだ。端的に言えば、同調圧力が働くのである。わたしたちは自分の信念のなかで調和を求めようとするのとまったく同じように、わたしたちの周りの人の信念とも調和を求めようとする。自らの実験で、アッシュはひとりを除いて全員が「サクラ」からなる七人から九人の被験者を集めた（すなわち、彼らはその実験で起こるぺてんに「関与」していた）。「関与していない」一名が、実験の唯一の被験者であり、その人物はつねに末尾の席に座らされていた。実験は、被験者たちに一本の線の入ったカードを見せ、そのあと三本の線の入った別のカードを見せるものだった。三本の線のうち一本は、もう一方のカードに入った一本の線と長さが同じだった。ほかの二本の線の長さは「大幅に異なる」ものだった。そのあと、実験者はグループを回って、それぞれの被験者に二番目のカードの三本線のうち、どれが最初のカードの線と同じ長さかを声に出して報告するように求めた。はじめの数回の間、共謀者たちは正確に報告し、もちろん実験の被験者も彼らに同意した。しかし、そのあと事態は面白くなっていく。サクラたちは、明らかに間違った選択肢なのに、じつはそれが最初のカードの線の長さと同じであると口を揃えて報告しはじめた。その問いかけが被験者にまわってきたときに、はっきりとした心理的な緊張があった。アッシュはそのことを次のように説明している。

単純明快な事実に関して、彼はほんとうに正しい回答をしているのに、根拠ない多数派に反対され、予想外にも自身がひとりの少数派だと気づかされる立場にある。わたしたちは彼に向けて、ふたつの正反対の力が生まれるように仕向けた。彼の感覚がもたらす証拠と、彼と同じグループの一致した意見というふたつである。(2)

自分の回答を発表する前に、不協和に満たされたほぼすべての被験者たちは驚き、疑いを禁じ得ない様子にさえ見えた。だが、それから奇妙なことが起こった。被験者のうち三七%が、多数派の意見に屈したのだ。グループに適合したままでいるために、彼らは目の前にある正しい理解を度外視したのである。

人間の非合理性についての別の重要な実験は、ピーター・カスカート・ウェイソンによって一九六〇年におこなわれた。論文「概念的作業における仮説の排除の失敗について」のなかで、ウェイソンは、人間が推論を遂行する際に日常的に犯してしまう、論理的な間違いとほかの概念上のそれを明らかにするための最初の一歩を踏み出した。この論文のなかで、彼はポストトゥルースの議論でほとんど全員が耳にするであろう考えを紹介した（そして後に次のように名付けた）。確証バイアスというものだ。(3) ウェイソンの実験設計は見事なものだった。彼は、二九人の大学生に認知的な課題を与え、それによって経験的な証拠にもとづく「規則を発見する」ことを要求した。ウェイソンは例えば2、4、6といった三つの数字を被験者たちに示して、この数列を生み出すのに使われている規則を発見することが課題だと述べた。被験者たちは自分たちで三つの数字を書くよう求められ、実験者は彼らの書いた数字が規則に合致しているかどうかを伝えた。被験者たちは、自分たちが望む限り何回でもこの作業を繰り返すことができたが、できる限り少ない回数で規則を発見するように指示された。提示できる数字の種類に制限はなかった。被験者たちは回答準備ができしだい、規則を提示することができた。

（2） Solmon Ash, "Opinions and Social Pressure," *Scientific American*, Nov. 1955, 3. http://kosmicki.com/102/Asch1955.pdf.

（3） この語をまだ知らない人々のために説明すると、確証バイアスとは、わたしたちがすでに信じていることを確証する（confirm）情報を探し出すときに作用するものである。

結果は衝撃的だった。二九人の非常に知的な被験者のうち、間違った推測を先にすることなしに正しい規則を提示することができたのはたった六人だけであった。一三人が誤った規則をひとつ提示し、九人がふたつあるいはそれ以上の数の誤った規則を提示した。一人の被験者はどんな規則も提示することができなかった。何が起こったのだろうか？　ウェイソンの報告によると、課題に失敗した被験者たちは、自分の仮定した規則の正確さを検証する数字の組み合わせを提示するのを好まなかったようであり、代わりにそれ〔自身の仮説〕を裏付ける組み合わせだけを提示した。たとえば、2、4、6という組み合わせを与えられると、多くの被験者は8、10、12と書いて、「はい、それは規則に従っています」と伝えられた。だがそこで、偶数を昇順に続けているだけの者もいた。「二の間隔で増加していく」という直感的な規則が間違っているかどうかを知る機会を利用するよりむしろ、彼らは確証する事例のみを提示しつづけたのである。この被験者たちが自分の規則を答えたとき、反例を用いて検証することを一切しなかったにもかかわらず、それが間違っていると知って衝撃を受けた。

この後、一三人の被験者たちは自分の仮説を検証しはじめ、最終的に「昇順に並んだ三つの数字」という正しい回答にたどり着いた。ひとたび自分たちが「確証している」考え方から抜け出すと、彼らは元のひと続きの数字を導く方法がひとつ以上あるという考えを進んで受け入れた。しかしながら、これではふたつあるいはそれ以上の間違った規則を示した九人の被験者を説明することはできない。というのも、彼らは自分たちの提案したものが間違っているということを示すのに十全な証拠を与えられたが、それでも正しい回答を見つけられなかったからである。なぜ彼らは9、7、5と推測しなかったのだろうか？　この点に関してウェイソンは次のように推測している。「彼らは、自分自身で規則の誤りを立証する試し方を知らなかったのかもしれない。あるいは、彼らはそのやり方を知っていたが、それでも実験者から正確な回答を手に入れる方が、より単純で、確実で、心強いことだと思ったのかもしれない」[4]。言い換えれば、この時点で認知バイアスが彼らをしっかりと捉えていたので、正しい回答のための確かな歩みができなかったのだ。

これら三つの実験結果──（一）認知的不協和（二）社会的適応（三）確証バイアス──は明らかにポストトゥルースに関係している。それによると、きわめて多くの人々が、自分自身や仲間の直感に順応することを優先して、理性の規範と証拠による十分な基準を考慮せずに自分の信念を形成する傾向にあるようだ。だが、ポストトゥルースは一九五〇年代にはじまったわけではないし、一九六〇年代にさえ起こっていない。ポストトゥルースは、極端な党派的偏向（partisan bias）や、二〇〇〇年代初頭から生じたソーシャルメディア「サイロ」といったいくつかの要因が嵐となってやって来るのを待っていた。そしてその間に、認知バイアスのさらに驚くべき証拠が続々と明らかになっていった。

（4） P.C. Wason, "On the Failure to Eliminate Hypotheses in a Conceptual Task," *Quarterly Journal of Experimental Psychology* 12 (1960): 129-140. http://web.mit.edu/curhan/www/docs/Articles/biases/12_Quarterly_J_Experimental_Psychology_129_(Wason).pdf.

認知バイアスについての現代の研究

近年の行動経済学の分野で起こっているすさまじい進展については、多くのことが書かれている。社会心理学者の初期の実験的なアプローチに倣って、一九七〇年代末に数人の経済学者は、（計算がうまくいくように）新古典派（経済学）のモデルでつねに使用されていた「完全合理性」と「完全情報」という単純化された仮定を疑問視しはじめた。しかし、より実験的なアプローチを採ると、どうなるだろうか？

リチャード・セイラーは自著『行動経済学の逆襲』のなかで、認知心理学の分野ですでに重鎮だったダニエル・カーネマン、エイモス・トヴェルスキーと共同研究した若き日について語っている。[5] カーネマンとトヴェルスキーは、一九七四年の論文「不確実性下における判断」[6] のなかで、人間の意思決定における三つのわかりやすい認知バイアスを提示し、学界を席巻した。[5] それから数年間にわたって、選択、リスク、不確実性についての彼らのさらなる研究は、意思決定におけるさらに多くの非合理を明らかにした。この研究はほかの学問分野に非常に強力な影響を与え、カーネマンは二〇〇二年にノーベル経済学賞を受賞した（トヴェルスキーは一九九六年にすでに他界していたので、その資格がなかった）。カーネマンは自身の生涯で経済学の授業を取ったことは一度もなく、自分がこの主題について知ったすべてのことはリチャード・セイラーのおかげだと主張している。

突如として、人々はかつてないほど認知バイアスに注目しはじめた。これによって、最初に誰が発見したのかわからないほど古い、人間の心理についてのいくつかの事実がふたたび発見され、更新された。「出典健忘」（自分たちが読んだり聞いたりしたことは覚えているのに、それが信頼できる出典元からきたものかどうかを覚えていない場合を指す）は、わたしたちが信念をどのように形成するのかをめぐる問題に明らかにかかわっている。同様に、「反復効果」（あるメッセージが何度も繰り返されると、そのメッセージを信じる可能性がより高くなる）は、車の販売員やヒトラーの宣伝大臣に等しくよく知られていた。しかし、これらにともない、わたしたちに組み込まれたほかの認知バイアスを明らかにする新しい研究が現れた[6]。わたしたちの目的にとってもっとも重要なふたつは、ウェイソンによる確証バイアスの初期の発見にもとづいている。それは「バックファイアー効果」と「ダニング＝クルーガー効果」であり、そのどちらもが動機づけられた推論（motivated reasoning）という概念に由来している。

動機づけられた推論とは、真実であってほしいという思いが、実際の真実の認識に影響を及ぼすという考えである。つまり、わたしたちの推論は、しばしば感情的な文脈の枠内でおこなわれるということだ。これはおそらく、不協和の低減と確証バイアスの考えの背後にあるメカニズムであり、その理由を

（5）ダニエル・カーネマンは、自身の楽しい著書 *Thinking Fast and Slow* (New York: Farrar, Straus & Giroux, 2011)〔『ファスト&スロー　あなたの意思はどのように決まるか？　上・下』村上章子訳、早川書房、二〇一四年〕のなかで、これらの問題に関する彼の生涯の仕事について信頼できて、読みやすい説明を与えている。

（6）https://en.wikipedia.org/wiki/List_of_cognitive_biases を参照。

知ることはたやすい。わたしたちが心理的な不快感を感じるとき、それを低減するために、自我を脅かすことのない方法を見つけようと動機づけられ、その結果、感情を自分の信念に適応させるというよりはむしろ、信念を感情に適応させるという非合理的な傾向へと至るのである。アプトン・シンクレアは「ある男の給料がなにかを信じていないことから出ている場合、その男にそれを信じさせることは難しい」[7]と述べ、おそらくそのことをもっともうまく言い当てている。

確証バイアスという考えは、動機づけられた推論に直に関連しているように思える。というのも、自分の信念は正しいという考えを弁護するようにわたしたちが動機づけられているとき、その信念に適合するエビデンスを探してしまうのはよくあることだからである。わたしたちはこのメカニズムが警察の捜査に作動していることをよく知っている。彼らは容疑者を除外するための理由を探すというよりむしろ、容疑者を特定し、その容疑者を中心にして事件を組み立てようとする。とはいえ動機づけられた推論と確証バイアスを明確に区別することは重要だ。なぜならそれらは正確には同じものではないからだ。動機づけられた推論とは、わたしたちが進んで（あるいは無意識のレベルで）自分の意見を考慮し、信念を軽んじるような心の状態なのである。一方、確証バイアスとは、自分のなかに前から存在する信念を裏付けるように情報を解釈することで、わたしたちがこれ〔動機づけられた推論〕を成し遂げようとするメカニズムである。

動機づけられた推論をめぐる実験研究には、社会心理学におけるほかの古典的な発見と同じくらい古くから存在するものもある。より最近の研究では、対立するチームのスポーツファンがビデオの同じ部分を流しても異なるものを見ていることの理由として、動機づけられた推論の存在があると考察されている。この種の結論が笑うべきものかもしれないという考えは、いまのところ置いておこう。なぜならわたしたちは重要な問題を追いかけていて、自分のチームを不利な状況に導きかねないものを認めたくはないからだ。そう、たしかにこういうことはときとして起こる。スポーツにもスピンドクターがいる。[8]わたしたちはリプレイで、ひいきのアメリカンフットボールチームに審判が過度に有利な場所を与えて、それが勝利を決めたゴールにつながったとき、そのことを疑問視するのではないか？　だが、熱狂的なアメフトファンの親戚をもつ人が証言するように、過激なファンがほかの人と同じようには試合を「見ない」というのはよくあることである。わたしはニューイングランドに住んでいるが、たしかに彼らはトム・ブレイディがボールの空気を抜いたとか、ニューイングランド・ペイトリオッツがいかさま集団であるとか主張する言葉と戦っている。そしてこのことは単に、人はいつも、正しかろうが間違っていようがホームチームを支持しなければならないという理由からではない。ニューイングランドのファンは、ペイトリオッツがいかさま集団であると本当に信じることができないのである。[9]名前をつける必要があるなら、それをトライブ〔部族〕主義と呼ぶが、その背後にある心理学的なメカニズムはパッカーズ、ジャイアンツ、コルツのファンも同じように、わたしたち全員のなかに存在するのである。

ノースイースタン大学の心理学者デイヴィッド・デステノは、感情と道徳的判断の心理学についての自身の仕事のなかで、そうした「チームへの所属」が道徳的推論に及ぼす効果について研究してきた。ある実験では、出会ったばっかりの被験者たちが色分けされたリストバンドを与えられ、無作為にチームに分けられた。それから彼らは引き離された。最初のグループには、楽しい一〇分間の作業か難しい四五分間の作業のどちらかをおこなう選択肢が与えられると伝えられた。そして、それぞれの被験者は部屋に一人で座らされ、彼ないし彼女はどちらの作業をするか選ぶ——またはコインを投げてそれを決める——が、いずれの場合も、その後部屋に入る人には前の人がやらなかった仕事が託されると伝えられた。被験者たちは、自分たちがビデオテープに録画されていることを知らなかった。被験者のほとんどは簡単な作業を選択し、わざわざコインを投げることは決してなかったが、部屋を出ると、九〇％の者が自分はフェアな仕方で作業を選択したと言った。しかし、本当に好奇心をかき立てるのは次に起こったことである。被験者の残り半分が、嘘をついた最初のグループのビデオを観るように求められた際、被験者たちは嘘をついた者たちを非難した——ただし彼らが同じ色のリストバンドを身につけているときは、そうしなかった。[7] わたしたちがリストバンドのようなささいななにかにもとづいて不道徳な行動を許してもかまわないとするならば、もし本当に感情的に傾倒しているときに、どれほどわたしたちの推論が影響されるのか想像してみよう。

動機づけられた推論はまた神経科学者によっても研究されている。彼らは、わたしたちの認識が情動的な内容によって影響されるとき、脳の異なる部位が関わっていることを発見してきた。明確な政治意識に肩入れした三〇人の政党員に、自分たちの候補者を脅かす——あるいは対立する候補者を傷つける——推論作業が与えられたとき、中立な内容について推論するよう求められたときとは異なる脳の部位が（fMRIスキャンによって計測されると）光った。わたしたちの認知バイアスが神経レベルで実体化されるというのは、驚くべきことではないかもしれないが、この研究は、動機づけられた推論に対するそうした部位別の機能について実験上初めてのエビデンスをもたらしたのである。[8] これを背景として、ようやく、もっとも人の心を奪うふたつの認知バイアスを考察する準備が整った。両者は、ポストトゥルース的な政治的信念が、事実とエビデンスを受け入れようとするわたしたちの態度にどのように影響しうるのか説明するのに用いられてきた。

（7） Juliet Macur, "Why Do Fans Excuse the Patriots' Cheating Past?" *New York Times*, Feb. 5, 2017; David DeSteno and Piercarlo Valdesolo, "Manipulations of Emotional Context Shape Moral Judgment," *Psychological Science* 17, no. 6 (2006): 476–477.

（8） Drew Westen et al., "Neural Bases of Motivated Reasoning: An fMRI Study of Emotional Constraints on Partisan Political Judgment in the 2004 U.S. Presidential Election," *Journal of Cognitive Neuroscience* 18, no. 11 (November 2006): 1947–1958.

バックファイアー効果

「バックファイアー効果（the backfire effect）」は、ブレンダン・ナイハンとジェイソン・レイフラーによる実験研究にもとづいている。彼らは、特定の思想を支持する人々が自分たちの政治的に都合のよいある信念が間違っているというエビデンスを提示されると、そのエビデンスを拒絶し、自分たちの誤った信念を「倍増させる」ということを発見した。いっそう悪いことに、ある場合には、誤りを明らかにするエビデンスの提示が、何人かの被験者にとっては誤った信念の力を増大させる原因となった。

この研究で、被験者たちには、広く信じられているいくつかの誤解を補強するような偽（fake）の新聞記事が与えられた。そのひとつは、イラクが大量破壊兵器（WMDs）をイラク戦争以前に持っていたという考えを支持するものである。もうひとつは、ブッシュ大統領が幹細胞研究を全面禁止にするというものだった。両方の主張は事実上、虚偽（false）である。誤りを正す情報——イラクにWMDsはなかったことを認める、ブッシュ大統領による演説の引用など——が提示されると、被験者たちの反応は党派に沿って分かれた。リベラルと中道派は、修正した情報を（おそらく予想どおり）受け入れた。しかしながら、保守派はそうしなかった。それどころか、保守派の党員のなかには実際に、修正した情報が与えられた後、WMDsについての虚偽の主張にさらに傾倒するようになったと報告する者もいたことが、研究者たちによって指摘されている。

言い換えれば、誤りを訂正することが裏目に出た（backfire）のである——イラクがWMDを持っていなかったという訂正を受けた保守派は、訂正されていない人々〔対照条件にある者〕に比べると、イラクがWMDを持っていたと信じる可能性がより高いのである(9)。

研究者たちは、おそらくこうした結果は、保守派の間で、あらゆるメディアの情報源に対して不信感がいっそう高まっているからだと推測した。しかし、このことは彼らの実験結果と一致しなかった。というのも、誤りを訂正された集団と訂正されていない集団のどちらの被験者たちも、ブッシュ大統領の同じ声明を読んでいたからである。

それゆえ、バックファイアー効果は実験のなかで施れた訂正の結果にちがいない。被験者たちが単にメディアを信用していないのであれば、彼らは訂正情報を単に無視するはずである。しかしながら、その代わりに保守派たちは「間違った」方向——単なる不信に帰するのは難しい反応——へ考えを変えたことが明らかになった(10)。

（9） Brendan Nyhan and Jason Reifler, "When Corrections Fail: The Persistence of Political Misperceptions," *Political Behavior* 32, no. 2 (June 2010): 303-330, https://www.dartmouth.edu/~nyhan/nyhan-reifler.pdf.

二度目の反復実験では、研究者たちは同じ結果がリベラルの党員に当てはまるかどうかを検証しようとした。この場合には、ブッシュが幹細胞研究の全面禁止をどのように課したかについてでたらめなニュース記事が示された後（実際のところ、彼は連邦政府による補助金を、二〇〇一年八月以前に生み出された幹細胞株に限定したにすぎず、個人出資による研究には何の制限も加えることはなかったのだが）、被験者たちに正確な情報が与えられた。この場合には、修正は保守派と中道派でうまくいったが、リベラルにはそうではなかった。この場合に、リベラルにバックファイアー効果がなかったと指摘しておくのは重要である。誤りを訂正する情報が再び「中和され」、それがリベラルの誤った信念を変えることはなかったが、この場合、研究者たちは、真実にさらされることでリベラルが虚偽の（false）考えへの肩入れを強めたというエビデンスを見つけられなかった。真実は裏目に出なかったのである。

なかには、事実に基づくエビデンスで政治的に明らかに誤った信念を変えようとする試みを、「発火した油鍋を消火するのに水を使おうとすること」だと表現するものもいる(11)。少なくとも、これはもっとも党派的な保守派に当てはまるように思える。しかし、ナイハンとレイフラーが自分たちの研究で指摘するように、――どちらの政治的立場であれ――筋金入りの支持者が、事実にもとづくエビデンスに照らして自分たちの信念を決して変えないということはまったく正しくない。この問題についての以前の仕事――そして彼ら自身の研究のひとつの副次的な結果――を引用して、彼らは、党員が信用に値しない同じ情報に幾度となくさらされると、誤りを訂正する情報にもっと共感するようになるはずだと指摘している。そうした研究のひとつとして、デイヴィッド・レッドロースクらは、「動機づけられた推論をおこなう人」が訂正情報をいつかは受け入れるのか、あるいは現実を無限に否定しつづけるだけなのかという問題を考察している。彼らの結論はナイハンとレイフラーの見解を補強している。つまり、もっとも熱心な支持者でさえ、継続的に誤りを正すエビデンスにさらされたあとでは、最終的に「転換点」に到達し、自分たちの信念を変えるのである[12]。

ダニング＝クルーガー効果

ダニング＝クルーガー効果（「あまりに愚かすぎて自分が愚かであることを知らない」効果と呼ばれることもある）とは、能力に乏しい人物がしばしば自分自身の能力不足を認識できないことに関する認知バイ

（10） Ibid.

（11） Tristan Bridges, "There's an Intriguing Reason so Many Americans Are Ignoring Facts Lately," *Business Insider* (Feb. 27, 2017), http://www.businessinsider.com/sociology-alternative-facts-2017-2.

（12） David Redlawsk et al., "The Affective Tipping Point: Do Motivated Reasoners Ever 'Get It'?"（https://docplayer.net/335141-The-affective-tipping-point-do-motivated-reasoners-ever-get-it.html で入手可能）その間に、神経学のさらなる研究は、わたしたちが「矛盾している」情報を処理するために、脳の異なる部分を使っていることを示してきた。Jonas Kaplan, Sarah Gimbel, and Sam Harris, "Neural Correlates of Maintaining One's Political Beliefs in the Face of Counterevidence," *Scientific Reports* 6, http://www.nature.com/articles/srep39589. を参照。

アスである。万事についての専門家などいないのだから、程度の差こそあれ、わたしたちのおそらく全員がこの効果に影響される傾向にあることを覚えておこう。カーネマンとトヴェルスキーは、初期の実験で、「自信過剰バイアス」という、ときに人をぞっとさせるような帰結を調査した。自分の限界を完全に予測してそれを認めることも十分にできないのに、いったいどうして、バミューダ諸島のバカンスで、電動スクーターを借りようなどと決めるのか、あるいは――より知られた例を選ぶと――ハイアニスポートでの家族の結婚式へ向かうルートが危険な状況にあって、飛行教官は地上に留まるよう請うているのに、自分は小さな航空機を飛ばすのに十分な経験を持っていると、いったいどうして自分のことを決めつけるのか？　ダニング＝クルーガー効果は、こうした事例を繰り返し示し、さらにそれを展開して、目下の課題の困難さのみならず、自己評価している人の特性について問いを投げかける。

　デイヴィッド・ダニングとジャスティン・クルーガーは、一九九九年の実験で、実験の被験者たちは、訓練したことがほとんどない主題についてさえ、自分たちの能力を非常に過大評価していることを発見した。[10]ギャリソン・キーラーの「ウォビゴン湖」についてのジョークはよく知られている。その町では「子どもたち全員が平均以上」なのだ。しかし、おそらくこのジョークが面白いのは、わたしたちがそのことを自分で認識しているからである。どれだけの運転手（や恋人たち）が、自分自身を「平均以下」だと評価するだろうか？　ダニングとクルーガーはこのことが多様な技能に広がっていることを発見した。知的さ、ユーモア、論理学やチェスのような高い技術を求められる技能でさえ、被験者たちは自分たちの能力をひどく過大評価する傾向にある。なぜこうしたことが起こるのだろう？　著者が記すように、「能力がなければ［人々］はそのことを理解することができない［…］特定の分野の技能を生み出すスキルは、しばしば――自分のであれ、他人のであれ――その分野での能力を評価するのに必要なスキルと同じなのである」[13]。結論として、わたしたちの多くは、間違いを犯したときその間違いを認識することができず、さらに大きなへまをやらかしてしまうのである。

ある示唆に富む調査結果において、ダニングとクルーガーは四五人の知的な大学生にＬＳＡＴ〔アメリカの法科大学大学院進学適性試験〕から二〇項目の論理試験を受けるように要求した。ＬＳＡＴに馴染みのある人なら知っているように、これは簡単な試験ではない。被験者たちは問題を完答するだけでなく、どれくらい自分が答えられたか、他人と比較してどれくらいなのかを評価することも求められた。研究者たちが発見したのは、学生たちが概して自分自身を一五位に位置付けたということだった。学生たちが、自分がどれほど正解したかを過大評価する傾向になかったことは注目に値する。彼らはどれだけの問題を自分が正解し、あるいは間違えたのかを正しく評価した。食い違っていたのは「平均以上」かどうかをめぐる判断だった。さらに言うと、もっとも驚くべき結果は成績が最下層だった学生たちか

(13) Justin Kruger and David Dunning, "Unskilled and Unaware of It: How Difficulties in Recognizing One's Own Incompetence Lead to Inflated Self-Assessments," *Journal of Personality and Social Psychology* 77, no. 6 (1999): 1121. http://psych.colorado.edu/~vanboven/teaching/p7536_heurbias/p7536_readings/kruger_dunning.pdf.

ら出た。「これらの人々は平均で三九位の点数だったが、にもかかわらず彼らは自分たちの総合的な論理能力が一四位にあたると信じた」[14]。おそらくこのことはダニング＝クルーガーの結論で一番驚くべき点である。つまり、人が自分自身の能力を評価する上での最大の価値の水増しは、能力がもっとも低い者から生じるのである。

ここでいくつかの答えを出したい誘惑に駆られる。もしかしたら学生は自分の能力のなさを認めることができなかっただけで、だからそれを覆い隠そうとしたのだろうか？ しかし、これはありそうにない。自分の技量をより正確に評価するために一〇〇ドルのボーナスが提供されたときでも、被験者たちはそうすることができなかったからである。ここで進行しているのは、単なるごまかしではなく、自分に対するごまかしのように見える。わたしたちは自分のことを愛するあまり、自身の弱点を直視できないのだ[15]。しかしだからと言って、わたしたちが感情的に自分たちの政治的信念に執着する結果——実際、それを自らのアイデンティティの一部とみなすかもしれないのだ——、わたしたちが自分の間違いを認めることを嫌がり、専門家によるファクトに対しても自身の「腹の虫がおさまらず」抵抗さえするかもしれないことは、驚きではないだろうか。ジェームズ・インホフ上院議員（共和党オクラホマ州）が地球温暖化を「反証する」ために二〇一五年のアメリカ合衆国上院議会に雪玉を持ち込んだとき、気候と天気の区別を知らないことで、自分がどれだけ無知に見えたかわかっていたのだろうか？ おそらくわかっていなかっただろう。というのも、彼は「あまりに愚かすぎて自分が愚かであることを知らなかった」のだから。ドナルド・トランプが「ＩＳＩＳについて軍司令官らよりも自分が多くを知っている」と言ったとき、彼は本当にそう思っていたのだろうか？[16] 「そうですね、わたしはこの話題の専門家ではありません」と言い、口を閉ざす人はほとんどいないようである。代わりにわたしたちは、「口に出して証明するよりも、沈黙を保って馬鹿だと思われたほうがましである」という古い格言を無視して、喋りつづけるのである。

　バックファイアー効果と「あまりに愚かすぎて自分が愚かであることを知らない」効果のどちらも、ポストトゥルース現象に明白に関係している。これらとほかの認知バイアスは、ときにわたしたちから明晰に思考する能力を奪うだけでなく、いつわたしたちが思考していないかの認識さえ妨げるのである。認知バイアスに屈服することは、思考することによく似ているよう感じられるかもしれない。しかし、

（14） Ibid., 1125.

（15） Natalie Wolchover, "Incompetent People Too Ignorant to Know It," *Live Science*, Feb. 27, 2012, http://www.livescience.com/18678-incompetent-people-ignorant.html.

（16） Ted Barrett, "Inhofe Brings Snowball on Senate Floor as Evidence Globe Is Not Warming," *CNN.com*, Feb. 27, 2015, http://www.cnn.com/2015/02/26/politics/james-inhofe-snowball-climate-change/index.html; https://www.facebook.com/cnn/videos/10154213275786509. すでに何人かがドナルド・トランプをダニング＝クルーガー大統領と呼びはじめている。Jessica Pressler, "Donald Trump, the Dunning-Kruger President," *NYmag.com*, Jan. 9, 2017, http://nymag.com/scienceofus/2017/01/why-donald-trump-will-be-the-dunning-kruger-president.html.

わたしたちがひとつの主題について感情的に精力を注ぐときは特に、わたしたちの推論能力におそらく影響があるだろうということをあらゆる実験が示している。そもそも、なぜこれらの認知バイアスが存在するのかというのは魅力的な問題である。真実は適応に向かないのではないか——真実を信じることは、わたしたちが生き残るための機会を増やさないのだろうか？[17] どんな理由であれ、過度の認知バイアスも、わたしたちが脳と接続されていることのあり方の一部にすぎないと認めなければならない。わたしたちが認知バイアスを持つかどうかに関しては選択の余地がない（たとえわたしたちが、注意深い研究と批判的認識の訓練を通じて、自分の信念に認知バイアスが与える影響をいくらか制御することを望んでいようとも）。わたしたちがリベラルであれ保守派であれ、認知バイアスはわたしたち人間が継承してきたものの一部なのである。

しかしながら、指摘したように、いくつかの認知バイアスはわたしたちの政治的信条に基づいて異なった機能を見せる。わたしたちはすでに、リベラルにとってバックファイアー効果があまり影響をもたないことを見てきた。ほかの研究者たちは、純粋に党派的であるようなバイアスが存在するという考えを探求している。ジャーナル『科学的心理学（*Psychological Science*）』内の魅力的な論文で、人類学者ダニエル・フェスラーは、「否定バイアス（ネガティビティ・バイアス）」と呼ばれるものに関していくつかの研究をおこなっている。それは、なぜリベラルよりも保守派の方が脅迫的な虚偽を信じやすいのかを説明しようとするものである。[18] 自身の研究で、フェスラーは被験者たちに一六の文章（そのうちのほとんどが虚偽のものである）を提示したが、それらはどう考えても真実ではありえないというほど突飛なものでもなかった。そのなかには、「空腹で運動することはより多くのカロリーを燃焼させる」といった害のない内容のものもあれば、「アメリカ合衆国へのテロリストによる攻撃は、二〇〇一年九月一一日以降増加している」といった、身に迫る、脅迫的なものもあった。それから、彼は被験者たちにリベラルか保守派どちらかに自己認定することを求め、それらの文章が真実だと思ったかどうかを評価することを求めた。無害のものには差はなかったが、それらが脅迫的なものである場合、虚偽の声明を信じる確率は保守派の方がより高かったのである。[19]

党の支持者たちは、そうした事柄について〔各々の政治的信念によって〕異なる方法で考えるということだろうか？　実験上のエビデンスは、恐怖をつかさどる扁桃体がリベラルよりも保守派の方が大きい傾向にあるということを示した。[20] これこそ二〇一六年の選挙期間中、フェイクニュース記事の大部分が保守派の熱心な支持者をターゲットにした理由だと推測するものもいる。もしあなたが陰謀論を売ろう

（17）現在では、この主題についての白熱した学術的な論争がある。Hugo Mercier and Daniel Sperber, "Why Do Humans Reason? Arguments for an Argumentative Theory," *Behavioral and Brain Sciences* 34, no. 2 (2011): 57–111. を参照。わたしは自著『真実を敬うこと（*Respecting Truth*）』の第二章でこの論争について議論している。

（18）Daniel Fessler et al., "Political Orientation Predicts Credulity Regarding Putative Hazards," http://www.danielmtfessler.com/wp-content/uploads/ 2013/12/Fessler-et-al-in-press-Political-Orientation-Credulity.pdf.

とするなら、おそらく右翼はより肥沃な土壌になるだろう。フェスラーが指摘したネガティビティ・バイアスはそれほど大きなものではなかった。つまり、「被験者たちの政治的見解の分布を広範囲の分散として測定する統計的尺度を用いて、研究者たちは、〔分布上の〕各点が右に行くにつれて、各点の被験者の平均値は、声明が良い結論を約束しているときよりも、悪い結論を警告しているときに、文章に対する懐疑が二ポイント低くなっていくとことを計算で示した」[21]。この程度の数値でも、有権者が十分に多数であることを考慮すれば、物事を歪めるには十分だろう。いずれにせよ、フェスラーの仕事は、だまされやすさの問題を政治的アイデンティティの関数としてとらえた最初のものである[22]。

ポストトゥルースとの関係

かつては、もしかするとわたしたちの認知バイアスは他人との交流によって改善されていたのかもしれない。わたしたちの祖先が自分の部族、村、共同体のほかの人々のなかだけで仕方なく生活し、働き、情報を得るために互いに関わり合わなければならなかった頃に比べて、今日のメディアの氾濫のなかで、ともするとわたしたちの方が反対意見から隔離されているというのは皮肉なことだ。互いに話し合っているとき、わたしたちは意見の多様性にさらされずにはいられない。このことがわたしたちの推論にとってもつ価値を示す実証的な研究さえ存在する。

キャス・サンスティーンは自著『情報ユートピア』のなかで、個々人がお互いに働きかけるとき、単独で行動していたら見逃したであろう結論に到達できるという考えを検討した[23]。これを「全体は部分の総和に勝る」効果と呼ぼう。サンスティーンはそれを「集団内の相互作用の効果」と呼んでいる。ある研究で、ピーター・カスカート・ウェイソン——この章の冒頭で出会った「確証バイアス」という用語の発明者——とその同僚は、論理パズルを解かせるために被験者たちをひとつの集団にまとめた。そのパズルは難しく、ほとんどの被験者は自分自身でそれを解くことはできなかった。しかしその後、解決のために問題が集団へと引き継がれると、興味深いことが起こった。人々は互いの推論に疑問を持ち、自分たちの仮説の間違っている点を考えはじめた。彼らは自分だけの考えではそうすることはできなかっただろう。結果として、研究者たちは、相当数の事例において、集団のどのメンバーも一人では解

（19） Olga Khazan, “Why Fake News Targeted Trump Supporters,” *Atlantic*, Feb. 2, 2017, https://www.theatlantic.com/science/archive/2017/02/why-fake-news-targeted-trump-supporters/515433.

（20） Ryota Kanai et al., “Political Orientations Are Correlated with Brain Structure in Young Adults,” *Current Biology* 21, no. 8（April 26, 2011）: 677–680, https://www.ncbi.nlm.nih.gov/pmc/articles/PMC3092984/.

（21） Melissa Healy, “Why Conservatives Are More Likely Than Liberals to Believe False Information about Threats,” *Los Angeles Times*, Feb. 2, 2017, http:// www.latimes.com/science/sciencenow/la-sci-sn-conservative-believe-false -threats-20170202-story.html.

（22） Ibid.

（23） Cass Sunstein, *Infotopia: How Many Minds Produce Knowledge*（Oxford: Oxford University Press, 2006）

けなかった場合でさえ、集団ではその問題を解決できたことを発見した(24)。サンスティーンにとって、これが鍵となる。集団は個々人に勝るのである。そして、相互作用的で協議機能をもつ集団は受動的な集団に勝る。わたしたちが自分の考えを集団による精査にかけるとき、正しい回答を見つける最良の機会がもたらされる。また、わたしたちが真実を求めているとき、批判的思考や懐疑主義、あるいは自分の考えを他人の検討にかけることは、ほかのなによりもうまく働くのである。

しかし最近のわたしたちは、贅沢なことに、交流先を選択できる。政治信条がなんであれ、わたしたちは望めば「ニュース・サイロ（news silo）」に住むことができる。フェイスブックで誰かのコメントを好まないなら、彼を友達リストから外すか投稿を非表示にすることができる。陰謀論をかき集めたければ、自分向けのラジオ放送局があるだろう。今日においては、過去に例を見ないほど、わたしたちは自分に賛成する人々を取り巻きにすることができる。ひとたびこうしてしまうと、自分の意見を集団に合わせて変えるようにするさらなる圧力がかかるのではないだろうか？　ソロモン・アッシュの研究は、こうしたことが起こりうるとすでに示していた。わたしたちがリベラルであるとして、移民、同性婚、税金についてほとんどの友人と意見が一致するが、銃規制については一致するかどうかわからないとき、わたしたちはおそらく居心地の悪さを感じるだろう。そうであるならば、わたしたちは自分たちの意見を変更するという社会的な代価をひょっとしたら支払うことになるかもしれない。こうしたことが批判的な相互作用の結果ではなく、むしろ自分の友人を不快にさせないという欲望の結果として生じるならば、好ましいことではないだろう。これを集団相互作用の効果の暗黒面と呼ぼう。そして、そうした暗黒面については、陪審員を務めたことのある人なら誰でも、おそらく次のように説明できる。すなわち、自分の意見が同胞と歩調を合わせているとき、わたしたちはまさしく快適である。しかし、同胞が間違っているとき何が起こるだろうか？　リベラルであれ保守派であれ、わたしたちの誰も真実を独り占めできない。

わたしはここで、わたしたちが偽の等価性を受け入れているとか、真実は様々な政治的イデオロギーのあいだにあると示唆しているのではない。真実と誤りとの中間点は、それでもやはり誤りである。むしろわたしは、すべてのイデオロギーは、程度の差こそあれ、真実が発見される過程にとっての敵だと言いたい。保守派よりもリベラルの方が「認知への要求」が高いという点でおそらく研究者たちは正しいが、[25]そのことはリベラル派がもっと独善的であるべきだという意味にはならないし、逆に彼らの政治的直感が事実にもとづくエビデンスの代替物になると信じるべきだという意味にもならない。フェスティンガー、アッシュ、その他の人々の仕事で、わたしたちはイデオロギーへ適応することの危険性を知ることができる。その結論は、わたしたちはみな、たとえ目の前のエビデンスがほかのことを伝えて

(24)　ひとりの人物が解決し、その答えを集団に伝える「部屋のなかでもっとも賢い人」現象によるものでないと指摘しておくことは重要である。またそれは、受動的な多数派の意見を信頼する、単なる「群衆の叡智」効果でもない。その効果は集団が互いに相互作用する場合に限り見出される。

いても、身の回りの人が信じることに意見を合わせる、認知バイアスが組み込まれているというものだ。わたしたちはみな、ある程度、ときに現実そのものよりも、集団の受容を価値あるものと考える。しかし、もしわたしたちが真実を大切にしたいのならば、これに立ち向かわなければならない。なぜか？わたしが本章で説明してきた数々の認知バイアスが、ポストトゥルースの完全なる前身だからである。

もしわたしたちが特定のことを信じたいとすでに動機づけられているならば、それを信じるほうに転ぶのに大した苦労はかからない。とりわけ、わたしたちが気にかけている他人がすでにそうしているなら、なおさらである。わたしたちに内在する認知バイアスは、わたしたちを、推し進めるべき方針をもつ人々による操作と搾取にうってつけの対象にする。とりわけ、彼らがほかのあらゆる情報源を嘘だと否定するなら、なおさらである。認知バイアスから逃れられないのと同様に、ニュース・サイロもポストトゥルースに対する防御にはならない。というのも、なんらかのレベルで、ニュース・サイロとポストトゥルースが結びついていることに危険があるからだ。わたしたちはみな自分たちの情報源の恩恵を受けている。しかし、それらの情報源がまさしくわたしたちが聞きたいことを伝えるとき、わたしたちはとりわけ〔ポストトゥルースに対して〕もろい存在となってしまうのである。

(25) Khazan, "Why Fake News Targeted Trump Supporters," https://www.theatlantic.com/science/archive/2017/02/why-fake-news-targeted-trump-supporters/515433/; Christopher Ingraham, "Why Conservatives Might Be More Likely to Fall for Fake News," *Washington Post*, Dec. 7, 2016, https:// www.washingtonpost.com/news/wonk/wp/2016/12/07/why-conservatives-might-be-more-likely-to-fall-for-fake-news/?utm_term=.eab87fe90c63.

第四章　伝統的メディアの凋落

ジャーナリズムとは、誰かにとって報じられたくないものを報じるものだ。それ以外は宣伝広報にすぎない。

――ジョージ・オーウェル[1]

誰もが知っていることだが、「情報サイロ」――わたしたちに組み込まれた偏った嗜好を育てて、確証バイアスを培ってきたもののことを指す――の影響が近年ますます強くなっているひとつの原因は、ソーシャルメディアの台頭にある。だが、伝統的なメディアの凋落に正面から向き合うことなしに、そのストーリーは語りえないだろう。

今日アメリカの「一流紙」と呼ばれているもの（『ニューヨーク・タイムズ』、『ワシントン・ポスト』、『ロサンゼルス・タイムズ』、『ウォール・ストリート・ジャーナル』）やネットワーク・テレビジョン（ABC、CBS、NBC）は、その最盛期においては、ニュースの主たる情報源だった。「一九五〇年、合衆国の日刊紙の一日あたりの平均総有料発行部数は、五三八〇万部だった（これは世帯数の一二三・六％に相当する）[1]」。ここで少し考えてみよう。一〇〇％を越えている。つまり、一部の世帯は新聞を一紙ではなく二紙購読していたことになる。「二〇一〇年までに、合衆国の日刊紙の一日あたりの平均総有料発行部数は、約四三四〇万部となった（これは世帯数の三六・七％に相当する）」。もう一度。これは、七割近くの世帯が新聞を購読しなくなったことを意味している。テレビジョン・ネットワークの放送では、一九五〇年代以来、ニュースは深夜の全国放送で連日三〇分間にわたり、看板司会者によって送り届けられてきた[2]。ウォルター・クロンカイトは一九六二年から一九八一年までCBSの大きな机につき、「アメリカでもっとも信頼される人」として頻繁に引き合いに出されたのだった。

多くの人が、この時代をニュースの「黄金時代」と考えている。一九五〇年代から一九六〇年代をつうじて、テレビ・ネットワークとの競合が原因となり、いっそう小規模な新聞の多くが廃業に追い込まれた。このことが、「アメリカの主要都市の多くに事実上の独占誌をもたらした。それは、二〇年ほど前に存在していた新聞よりも、より良く、豊かで、おかたいものだった[3]」。では、テレビジョンではどうだったのか？　ネットワークは一日に三〇分だけニュースを放送するものとされていたので、もっぱら調査報道に尽力することができた。戦争や暗殺を予示する「放送を中断し特報をお送りします」という臨時の（そして恐ろしい）警報を除けば、ニュースは狭い枠に限定されており、それゆえテレビ局はエンターテインメント番組を編成することで収益を得られたのだ。

テレビでのニュースはあまり多くなかったが、このことがニュース部門にとっては恵みとなった。なぜなら、ニュース部門はいっさい金を稼ぐことを期待されていなかったからだ。ＡＢＣのベテラン・ニュースマン、テッド・コッペルは次のように説明する。

キー局の重役たちが恐れていたのは、一九二七年の電波法に明記された「公共の利益、便宜、必要」を十分に果たせないことで、連邦通信委員会〔ＦＣＣ〕にライセンスを保留あるいは無効にさせられることだった。三大ネットワークは、ニュース部門〔赤字経営、あるいは破綻寸前だった〕を、ＦＣＣの指令を満たしているエビデンスとして挙げた。いってみればニュースは、ＮＢＣ、ＣＢＳ、ＡＢＣが、自分たちのエンターテインメント部門が生んだ莫大な収益の正当化を可能にする目玉商品だったのだ。(4)

（1） "Sixty Years of Daily Newspapers Circulation Trends," May 6, 2011, http:// media-cmi.com/downloads/Sixty_Years_Daily_Newspaper_Circulation_Trends_050611.pdf.

（2） あるいは、アンカーウーマンによって送り届けられてきた。バーバラ・ウォルターズが共同アンカーとしてＡＢＣニュースに加わったのは、一九七六年のことだった。

（3） David Halberstam, *The Powers That Be* (Urbana: University of Illinois Press, 2000), xi.〔デイヴィッド・ハルバースタム『メディアの権力』筑紫哲也、東郷茂彦訳、朝日文庫、一九九九年。ただし日本語版の底本となった版には、該当箇所は掲載されていない〕

一九六八年にCBSのニュース・ショー『60ミニッツ』が登場したことで、こうした状況が変化しはじめた。『60ミニッツ』は（最初の三年以降）、歴史上はじめて収益をあげたニュース・ショーとなった。突如として、ネットワークに白熱電球が灯ったのだ。『60ミニッツ』は、テレビ・ニュースのモデルやそれに寄せられる期待を即座に変えたわけではなかったものの、キー局の重役はニュースが収益をもたらすことに気がつきはじめた[5]。

一九七〇年代も相変わらず、放送の黄金時代がずっと続いていた。しかしその一方で、一九七九年のイラン米大使館人質事件が難問をもたらした。大衆が突然もっと多くのニュースを渇望するようになったものの、いかにして莫大な収益をあげるエンターテインメントの放送を止めることなくそれに応えられるのか？ NBCで放送されていたジョニー・カーソンの『トゥナイト・ショー』[2]は怪物番組だった。CBSはほとんどさじを投げて、その枠で深夜映画を放送していた。ABCはゴールデン・タイムに放送された番組の再放送をおこなっていた。そんななか、ひとりの人物があるアイデアを思いついた。

当時のABCテレビジョン・ネットワークは、なにか違うことに挑戦しようと決断し、イランの日報を深夜に移動させた。これは、マーケティング上の決定でもあった。ABCには、ライバル局NBCで放送されていたジョニー・カーソンの長寿トーク・ショーに対抗する深夜番組がなく、ニュース番組はほかに比べると、製作費を低くすませることができたのだ。ABCはその深夜枠に、「人質」事件の報道だけをおこなう『ナイトライン』という新しい番組を投入した。ＡＢＣは連日連夜、画面上に「人質にとられたアメリカ」と派手に書きたて、監禁状態の日数を示した。そしてアンカー（多くの場合、テッド・コッペルが務めた）は、専門家やジャーナリスト、そのほか事件にかかわる人物にインタビューをおこない、放送時間を埋めたのだった。(6)

これが功を奏し、この番組は一年後に人質事件が終焉を迎えた後も長く続いた。しかしそれでも問題はなお残っていた。これ以上のニュースを見たい者が、誰かいるのだろうか？

（4） Ted Koppel, "Olbermann, O'Reilly and the Death of Real News," *Washington Post*, Nov. 14, 2010, http://www.washingtonpost.com/wp-dyn/content/ article/2010/11/12/AR2010111202857.html.

（5） Ibid., 2. 以下も参照。Marc Gunther, "The Transformation of Network News," *Nieman Reports*, June 15, 1999, http://niemanreports.org/articles/the-trans formation-of-network-news/:「［ＡＢＣニュースの社長ルーン・アーレッジは］ニュースが収益を生めない理由などないと考えていた」。「「わたしがＮＢＣに来たとき、ＮＢＣはニュースで損失を出していたが、それは仕方のないことだと考えられていた」、一九八六年にゼネラル・エレクトリックがこのネットワークを買収して以来、ＮＢＣの最高経営責任者を務めたボブ・ライトはそう回顧する」。

（6） Nichols, *The Death of Expertise: The Campaign against Established Knowledge and Why It Matters* (Oxford: Oxford University Press, 2017), 149-150.〔トム・ニコルズ『専門知は、もういらないのか　無知礼賛と民主主義』高里ひろ訳、みすず書房、二〇一九年、一七九－一八〇頁、ただし訳文は一部変更〕

次にプールに飛び込んだのはＣＮＮで、一九八〇年のことだが、それはギャンブルのようなものだった。前触れもなく、二四時間すべてを埋め尽くすニュース専門チャンネルが登場した。コッペルがイランについて話す専門家を絶え間なく繰り出すのに対して、専門家は何人くらいいて、報道に値する話題はどれくらいあっただろうか？　視聴者の方でも、新聞の次の版や、局のアンカーを伴う「夕食」的放送を待つことより、二四時間営業のビュッフェとしてニュースを扱い、いつでも気ままに好きなだけそれを味わうことを望んでいたのだろうか？　そうだったのだ。ＣＮＮは、地上波ネットワークに比べ「水で薄めた」報道内容を提供していると批判を受けながらも、ほぼ即座に成功を収めた。一九八三年、『ニューヨーク・タイムズ』のビジネス欄に掲載されたある記事は、ＣＮＮ最初の収益を伝えている。(7)一九八〇年代を通してずっと、ＣＮＮの視聴率が上がりつづけたのは、一連の事件によって人々がケーブル・ニュースに引きつけられたからだった。スペース・シャトル、チャレンジャー号の爆発、天安門事件の勃発、ベルリンの壁の崩壊、そしてついには湾岸戦争がはじまったのだ。(8)

もちろん、バイアスをめぐる不満も存在したが、それは新聞、放送、ケーブル・ニュースのいずれにとっても同様で、数十年間にわたる不動のテーマであり続けた。リンドン・ジョンソンは、ヴェトナム戦争期のあいだにネットワークが彼に関して報道した内容を憎悪していた。ニクソンの副大統領スピロ・アグニューは、ワシントンに常駐するプレス部隊を、「否定主義に満ちた文句言いの権力者たち」として解散させた。ニュースは頑なに「リベラル・バイアス」を反映していると、右派は絶え間なく文句を言いつづけていたが、実際一九八〇年代後半に至るまで、それに替わるニュースはひとつも存在しなかったのだ。

トーク・ラジオは、ラッシュ・リンボー[3]が現れる三〇年前から放送されていた。しかし、トム・ニコルズが自著『専門知の死』のなかで説明するように、リンボーがおこなったのは新しいことだった。「〔彼は〕アメリカのほかのメディアに対抗して、自分を真実の情報源としたのだ」[9]。リンボーは、ほかのメディアはビル・クリントンのようなリベラルのために「仕組まれて」いたと感じ、アメリカのその他の人々に声を与えるよう努めた。そして彼は激烈な成功を収めた。

初の放送から数年以内に、リンボーの声は全国の六〇〇をこえる放送局で聞かれるようになった〔…〕〔リンボーは〕支持者たちに電話をかけさせて支持を表明させ、国家に忠実な信奉者層を築いた。電話は前もって選別され、綿密に吟味されていた。リンボーの初期の外部団体のひとつでマネー

（7） Sandra Salmans, "Television's 'Bad Boy' Makes Good," *New York Times*, Aug. 14, 1983, http://www.nytimes.com/1983/08/14/business/television-s-bad-boy-makes-good.html?pagewanted=all.

（8） http://www.pophistorydig.com/topics/ted-turner-cnn-1980s-1990s/.

（9） Tom Nichols, *The Death of Expertise*, 146.〔トム・ニコルズ『専門知は、もういらないのか　無知礼賛と民主主義』高里ひろ訳、みすず書房、二〇一九年、一七五頁、ただし訳文は一部変更〕

ジャーを務めていた人物によると、その理由はリンボーが自分は討論があまり得意ではないと感じていたことによる。しかし、ポイントは討論にはなかった。互いに合意する傾向をすでにもっている人々のあいだにコミュニティの感覚を創りだすことに目的があった(10)。

人々は新たな「事実」を学ぶためにリンボーのショーを聞くわけではない。彼らは新聞やテレビから得ていたニュース報道にある政治的なバイアスに気がついていて、自分たちがそこから疎外されていると感じていた。さらに言えば、聴取者電話参加型ラジオが世に出るまで、メディアはいつも一方向的なものであった。そこではほかの誰かが真実というものを語っていた。リンボーのショーによって、自分たち自身の意見を聞かせること、そしてひとつのコミュニティに加わることが実現した。メディアのなかで確証バイアスが取り沙汰される前に、ラッシュ・リンボーはすでにそれを発見していたのだ。そして、それによって彼は圧倒的な力を手にした。

ほどなくして、特定の党派に偏ったニュース報道を求める潜在的な市場シェアを実現する者たちが現れた。ＭＳＮＢＣ（Microsoft and the National Broadcasting Company）が一九九六年の七月に設立され、同年の一〇月にはＦＯＸニュースが間髪入れずに登場したのだ。いずれも、自らをＣＮＮの替わりになるものとみなしていた。今日でも、ＭＳＮＢＣが特定の党派に偏っていることを受け入れたくない人はいるだろう。たしかに最初の数年間はそれほどでもなかった。アン・コールターやローラ・イングラムのような保守系のコメンテイターがレギュラー出演者であることを特色としていたからだ。しかしながらある段階で、ＭＳＮＢＣは、ニュースに対するリベラルな見方を自分の場所とし、そこに腰を落ち着けた（ときに居心地の悪い場でもあったが）。ＦＯＸニュース——保守系メディアの顧問ロジャー・アイルズの創造物だった——は、そうしたあいまいさを少しも見せなかった。

ＦＯＸの登場は、そのやり方からして、新たな電子市場における人々のニュース情報源の探し方が党派によってわかれていることを決定的に表していた。リンボーがラジオで試みたことを［…］、アイルズはネットワークで実現したのだ。アイルズがＦＯＸを創らなかったら、ほかの誰かが創っていただろう。なぜなら、トーク・ラジオが証明したように、市場はすでにそこにあったからだ。保守系の著述家でＦＯＸのコメンテイターであるチャールズ・クラウトハマーが好んで皮肉を言うように、アイルズは「ニッチな視聴者を発見した。それはアメリカ人のもう半分のことだ[11]」。

ＦＯＸは、特定の党派に偏ったニュース報道を新しいレベルにまで引き上げた。コネチカット州

(10) Ibid.〔同上、一七五 - 一七六頁、ただし訳文は一部変更〕
(11) Ibid. 153.〔同上、一八四頁、ただし訳文は一部変更〕

ニュートンで二〇人の小学生に銃が発砲されるという痛ましい事件が起こったとき、[4] FOXニュースの重役は自局のプロデューサーに、放送中は誰にも銃規制について議論させないよう指示を出した。[12] それどころか、保守的な論点に沿うようにその日のニュースを編集する、FOXの重役の慣習は広く知られていた。[13] このことがニュースの内容に影響することは避けられなかった。二〇一三年の研究で明らかになったように、FOXニュースのゲストのうち六九％が気候変動に懐疑的だったのに比べ、『ロサンゼルス・タイムズ』では二九％、『ワシントン・ポスト』では一七％だった。[14] もうひとつの研究では、FOXニュースの報道のうち六八％が個人的な意見を反映しているのに比べ、CNNではわずか四％にとどまることがわかった。[15] 結果的に、FOXニュースのハードコアな視聴者たちは、厳然としたニュースと特定の党派に偏った意見をはっきりと区別できないので、自分たちが学んできた誤った情報のいくつかを信じたり広めたりするのも、ひょっとしたら仕方のないことかもしれない。はっきり言ってしまうと、二〇一一年のある研究が明らかにしたように、FOXニュースの視聴者の方が、ニュースをいっさい見ていない人々よりも、確かな情報を十分に与えられていなかったのである。[16]

近年、テッド・コッペルは、この手の特定の党派に偏ったメディア――左派であれ右派であれ――に対抗する信頼に足る論敵の役を自ら引き受け、わたしたちの民主主義にとってそれは危険だと論じてきた。一九八〇年代の彼のショー『ナイトライン』が、インタビューを土台にしたニュース報道がもつ経済的なポテンシャルをはじめて示してみせたもののひとつだったことは、皮肉なことかもしれない。だがそれにもかかわらず、コッペルは、いまや事態はあまりに遠いところまで進んでしまったと感じている。

わたしにとって、ＦＯＸニュースとＭＳＮＢＣの商業的な成功は、特定の党派に属さないことの悲しさを生み出している。テレビジョンの視聴者を、彼ら自身のバイアスを強めるように設計された意見の洪水に引き込むことの財政的な理由は理解できるが、この傾向は共和制国家にとって良いものではない。［…］おそらくＦＯＸニュースとＭＳＮＢＣは、絶対的な客観性には到達できないという、もっともな見方から始まったものだが、もはやその考えに挑みさえしていない。両者はわたしたちに、あ

（12） Jack Mirkinson, "Fox News Execs Squashed Talk of Gun Control after Newtown Massacre: Report," *Huffington Post*, Dec. 17, 2012, http://www.huffingtonpost.com/2012/12/17/fox-news-gun-control-sandy-hook-newtown_n_2318431.html.

（13） Cenk Uygur, "Will John Moody Be Forced Out of Fox Like Dan Rather from CBS?" *Huffington Post*, Nov. 15, 2006, http://www.huffingtonpost.com/cenk-uygur/will-john-moody-be-forced_b_34162.html.

（14） Shauna Theel, Max Greenberg, and Denise Robbins, "Study: Media Sowed Doubt in Coverage of UN Climate Report," *Media Matters*, Oct. 10, 2013, https://mediamatters.org/research/2013/10/10/study-media-sowed-doubt-in-coverage-of-un-clima/196387.

（15） http://www.stateofthemedia.org/2005/cable-tv-intro/content-analysis/.

（16） http://publicmind.fdu.edu/2011/knowless/.

るがままの世界を見せるのではなく、政治的な領域の両端にあるいずれかの党派（と忠実な視聴者）が望む世界を見せる。これはジャーナリズムに対する詐欺であり、バーニー・マドフ〔5〕の勧める投資のようなものだ。マドフは顧客が好んで聞くようなことだけを口にするが、彼らが真実を学ぶころには彼らの金はなくなってしまっている。(17)

トランプの当選以降、コッペルは、とりわけＦＯＸを狙い撃ちにした。ＦＯＸニュースのショーン・ハニティーによる最近のインタビューで、二人は次のような応酬を続けた。

ハニティー：わたしたちは、それなりに聡明で、オピニオン・ショーとニュース・ショーのちがいを知っているアメリカ国民のことを信頼しなければいけません。あなたはわたしたちの誠実さを疑っているようですね。

コッペル　：疑ってますよ。

ハニティー：わたしたちがアメリカにとって有害とでも考えているんですか？　わたしがアメリカにとって有害とでも？

コッペル　：そうですね……時がたてば、あなたもこうしたオピニオン・ショーもみな――

ハニティー：本当ですか？　それは悲しいですよ、テッド。それは悲しい。

コッペル　：いや、わかるでしょう？　だって、あなたはうまく自分の役目をこなしているし、あなたが支持を集めてきたのは、明らかにもっと勢力のある――
ハニティー：あなたはアメリカ国民をみくびっている。
コッペル　：ちょっと、先に最後まで言わせてください。
ハニティー：聞いていますよ。お言葉を返すようですが。討論をしましょう。
コッペル　：あなたが支持を集めてきたのは、事実よりもイデオロギーのほうが重要だと決めつけている人々です。[18]

FOXニュースの制作物すべてを、「フェイクニュース」の黒幕として簡単に片づけることを厭わない者もいる（ネットワークへの批判に長々と耳を傾け、FOXニュースは「でっちあげ《フォークス》ニュース」と呼ばれてしかるべし、というぬるいジョークをおどけた才人が繰り出すのを聞く必要はない）。「フェイクニュース」の問題およびそれとポストトゥルース現象との関係は、次章で論じるとてつもなく大きな話題である。ここでわたしがこの話題を持ち出すのは、ひとえに、コメンテイターのなかには「フェイクニュース」は

（17）Koppel, "Olbermann, O'Reilly and the Death of Real News."
（18）Daniel Politi, "Watch Ted Koppel Tell Sean Hannity He's Bad for America, *Slate*, March 26, 2017, http://www.slate.com/blogs/the_slatest/2017/03/26/watch_ted_koppel_tell_sean_hannity_he_s_bad_for_america.html.

FOXからではなく風刺からはじまったと主張する者もいるからだ。

二〇一四年のピュー〔調査研究所〕の調査によれば、アメリカ人に自分が「もっとも信頼している」ニュースの情報源を挙げさせたところ、その結果は予想通り党派によってわかれていた。保守を自称する人々のあいだでは、FOXニュースは四四%に昇った。リベラルの場合、ネットワーク放送のニュースが二四%、そして程度の差はあれど、二位の座に三つ巴で並んだのは、公共テレビ放送、CNN、そして……ジョン・スチュワートの『ザ・デイリー・ショー』だった[19]。いや、待ってくれ。『ザ・デイリー・ショー』はコメディではないか。二〇一五年に『ザ・デイリー・ショー』の「アンカー」を辞任する前に、ジョン・スチュワート自身が、自分は「まがいものの（mock）」ニュースを報じると言っていた。彼の仕事は笑いを取ることであり、事実を発掘することではない。それでも彼がアンカーとして在任中、若者の多くが彼のショーからニュースを得ているのではないかという懸念が「本物の（real）」ニュースにかかわる人々のあいだで高まっていたとき、スチュワートは次のように言って自分を擁護した。「君と僕との対立の理由が、僕がニュースに対して厳しい質問を十分にしていないことにあると君が考えているようなら、ぼくたちは反りが合わないってこと。だよね[20]」。

スチュワートのことを、あるいは『ニューヨーカー（The New Yorker）』のアンディ・ボロウィッツ〔6〕や『オニオン（The Onion）』のことを、そう簡単に許したくない者もいる。「左翼も抱えるポストトゥルース問題――喜劇と呼ぶにふさわしい」と題された、近ごろの『ロサンゼルス・タイムズ』における署名入りの記事で、ステファン・マルケは次のように述べる。「トランプ主義が全盛となったポストトゥルース的状況の起源は、左翼による風刺にある。［…］二〇〇九年、『タイム』誌が実施した調査は、［ジョン・］スチュワートが、現在放送中のもののなかでもっとも信用されているニュース・アンカーだと発表した」(21)。だがわたしは、これは公正な解釈ではないと主張したい。風刺とは、政治家がわたしたちに真実として受け入れさせようとする嘘（lies）やでたらめ（bullshit）を引き立たせるもので、それ自体に長い歴史がある。そこには現実とみなされたいという意図がない。これはひとつの重要な点だ。風刺には、現実を笑いの種にすることによって、日常生活におけるばかばかしさを強調しようとする意図がある。風刺を現実として受け入れると、この重要な点が失われてしまう。風刺の意図は欺くことではなく、嘲笑うことにあるのだ。マルケ自身、先の記事にこう記している。「ある意味では［…］政治的な風刺は、フェイクニュースとは真逆のものだ。風刺作家は、ジャーナリズムの化けの皮を剝がし、自分たちが真実だと信じていることを明らかにする。フェイクニュースのサイトは、ジャーナリズ

（19）ＭＳＮＢＣは一〇％で最下位だった。出典は以下。Nichols, *The Death of Expertise*, 155-156.〔トム・ニコルズ『専門知は、もういらないのか』一八七頁、ただし訳文は一部変更〕

（20）http://transcripts.cnn.com/TRANSCRIPTS/0410/15/cf.01.html.

（21）Stephen Marche, "The Left Has a Post-Truth Problem Too: It's Called Comedy," *Los Angeles Times*, Jan. 6, 2017, http://www.latimes.com/opinion/op-ed/la-oe-marche-left-fake-news-problem-comedy-20170106-story.html.

ムの化けの皮を利用して、自分たちは嘘だと知っていることを拡散する」[22]。だがマルケは、両者の意図が異なるにもかかわらず、結果は同じだと論じる。「政治的な風刺作家とその受け手は、ニュース自体をジョークに変えてしまった。どんな内容の政治であれ、彼らはアメリカの政治的言説における事実以後の（post-factual）状態に貢献してきたのだ」[23]。

このことは、政治風刺の足元に横たわる重荷のように思える。だがここで、ハニティーによるＦＯＸニュース擁護の主張――「わたしたちは、それなりに聡明で、オピニオン・ショーとニュース・ショーのちがいを知っているアメリカ国民のことを信頼しなければいけません」――が響いてくる。メッセージを送る者は、自分を信奉する人々の共同体で創り出されるあらゆる誤った印象に対して責任があるのだろうか？　あるいはそうした責任は、人々を誤った方向へ導き真実ではないことを信じさせようとする人々にだけ帰されるべきなのだろうか？　けれども、ストーリーの語られ方が、そうした誤解を創り出すのに関与しているとしたらどうだろうか？　ある人物の偏見に罪がないことを認めて、責任をその人の聴衆へと移すことで十分なのだろうか？

メディア・バイアスの問題

すでに見てきたように、意見の主張を重視する党派性の強いモデルが育ち、伝統的メディアに異議を唱えるようになるやいなや、伝統的メディアは競争のなかで衰退していった。ここでわたしが考えたいのは、伝統的メディアは、質的にも、また良いジャーナリズムという価値観への責任という点でも衰退したのかどうかということだ。

一九九六年にケーブル・テレビ・「ニュース」が台頭したことで、伝統的メディアの多くは青ざめはじめた。伝統的メディアは、そんなものと一緒にされたくなかったのだ！　それゆえ、ネットワーク・テレビの報道内容、ＣＮＮ、「一流紙」と呼ばれる新聞はいずれも、「客観性」をよりいっそう強調することで、ほかとの差別化を図った。「公正で偏りのない（fair and balanced）」報道内容というＦＯＸニュースのスローガンは、伝統的ニュース・メディアに抵抗することを間違いなく意識していた。これは、ＦＯＸがおそらく自分たちの報道内容がほかと比べて偏っていないとみなしていたということではない。むしろＦＯＸは、自分たちこそが均衡をもたらすと考えていた。ほかのメディアがいずれも極端に左寄りなので、ＦＯＸは右側で帳尻を合わせていたというわけだ。だが伝統的メディアは、自分たちは実際のところ左派寄りに偏っているという考えを断じて認めなかったので、報道内容において本当に「公正で偏りのない」ことが可能であると示そうとした。こうして伝統的メディアは、物議を醸すあらゆる問題の「両面」を報道しはじめた。

(22) Ibid.
(23) Ibid.

このことは客観性を高めるどころか、正確なニュース報道を提供することに彼らが尽力しなくなるという、皮肉な結果をもたらした。党派が自分たちのストーリーを聞き出すことを切望している環境で、党派のサクラに自分たちの憤りを電波に乗せるプラットフォームが与えられているとしよう。これではジャーナリズムの誠実さ（そのうちもっとも重要なものは、真実を伝えることにちがいない）を最高水準で維持することはできない。まさしくこうしたことが起きている。「等しい時間」を提供するという決断や、事実にもとづく事柄についてでさえ「そのストーリーの両側面を伝える」という機械的な反応のなかには、客観性という呪いが響いている。意見の主張を目的とした話題であれば、これは理にかなった、あるいは賞賛に値さえするような目的だったかもしれない。だが他方でそれは、科学的な報道内容に災いを及ぼすことが判明した。メディアは、「等しい時間」を許容することで、信頼に足る両側面など実際には存在しないときでさえ、ある問題の両側面に「偽の等価性（false equivalence）」を創り出すことに結局は成功したのだ。

わたしたちはすでに第二章で、科学否定論者が、客観性に関するメディアの苦悩を都合よく利用するやり方をどのくらいわかっていたのかをみた。彼らはもはや、自分たちのストーリーを伝えるために全面広告を利用する必要などない。彼らがしなければならないのはメディアを脅すことだけだ。科学的な話題に関して「ほかの研究」が存在しているのにメディアがそれを報道していないのは、メディアにバイアスがかかっているからにほかならない、そう言ってメディアを脅せばいい。たとえその論争が、財政ないし政治的なものを争点にする人々だけによって生み出されたものであったとしても、ジャーナリストは餌に食いつき、気候変動やワクチンといった「論争の余地のある」問題の両側面を報道しはじめた。その結果、事態はメディアが手を貸したも同然の、故意に偽情報を流すキャンペーンにまで至り、それによって一般人にはまったくの混乱状態がもたらされたのだ。

ジョージ・H・W・ブッシュ大統領は、一九八八年、気候変動が政治的な問題となるずっと前に、「ホワイトハウス効果」を武器にして「温室効果」と戦うと明言した。[24] しかしながら、続く数年間のあいだに、地球温暖化の扱いは特定の党派に顕著なものになった。石油会社は自分たち独自の「調査」をはじめ、メディアにそれを報じるよう求めた。同時に、石油会社は政府高官への寄付やロビー活動を展開した。いまやわたしたちは、こうしたことがすべて、単なる「でっちあげられた疑い」だと理解している。彼らの意図が、気候変動は進行しておりその責任は人間の活動にあるという事実について、世界中の気候科学者が事実上合意しているという事態を覆い隠すことにあったことも理解できる。しかし、この問題を科学者だけに委ねるにはあまりに高額の金銭が投じられていた。そしてメディアは、世の中に「懐疑論」が存在する限り、妥当性が疑わしい話題として気候変動を報じる義務があると感じていた。

(24) "The White House and the Green House," *New York Times*, May 9, 1989, http://www.nytimes.com/1989/05/09/opinion/the-white-house-and-the-greenhouse.html.

ジェイムズ・ハンセンは、気候変動という主題を告発した最初期の人物のひとりであった。一九八八年に、彼は連邦議会で証言をおこない、その結果、上院にふたつの法案が提出された。NASAのゴダード宇宙科学研究所の前長官である彼は、いまもこの主題に関して世界を牽引する専門家のひとりである。だが、事実にもとづく主題にさえ「客観性」をもたらすべきだというメディアの要求の前で、彼が無礼な仕打ちを受けることをどう考えるべきか。本人は直接次のように語っている。

公共放送に出演しはじめたとき、番組には地球温暖化の主張に対して「反対意見をもつ人」も含まれなければ「ならない」とプロデューサーが知らせてくるまで、わたしは〔地球温暖化の〕責任について一様に伝えまわっていたものだ。彼がわたしに言うところによると、対立する見方を提示することは、ラジオや新聞と同様に、商業的なテレビジョンでもごく普通の慣習とのことだった。公共のテレビの支援者や広告主は、それぞれに特有の利害関係があり、財政的な支援を続ける対価として「バランス」を要求している。ゴアの著作が明らかにするように、気候変動をめぐる近年の新聞記事の半数以上が、そうした反対意見をもつ人の見方に対しても等しく重点を置いているが、ピア・レビューを受けるジャーナルの科学論文には、人間の活動がもたらす排出物質が地球温暖化を引き起こしているという統一された見解を疑問視するものはほとんどない。結果的に、科学的なエビデンスがはっきりとしているときでさえ、反対意見をもつ人による、議論のためだけのあらさがしによって、気候変動の現実や諸要因は科学的な確かさをいまだ十分にもっていないという、誤った印象を人々は抱いてしまうのだ[25]。

さらに言えば、ハンセンの身に降りかかったことは、まったくもって異常なことではない。人々に与えられていたのは分割された画面であり、そこでは夜通し、一方の科学者と、もう一方の「懐疑論者」による「討論」が映し出されていた。ホストは彼らにおおむね同じ時間のあいだ喋らせて、それからその問題には「議論の余地がある」と述べる。しばらくのあいだ、テレビのニュース・ショーの大半は、FOXニュースのスローガン「われわれが報道し、あなたが決める（we report, you decide）」を手本にしているかのようだった。

当然のことながら人々は混乱する。気候変動をめぐる科学的な論争は存在するのか、しないのか？存在しないのであれば、なぜテレビ番組は論争がまるで存在するかのような放送をしているのだろうか？「党派によって意見の異なる」問題に態度を表明するのは自分たちの仕事ではないとメディアは自分たちに言い聞かせてきたのかもしれない。しかし、ちょっと調べれば科学者たちは対立していない

(25) James Hansen, "The Threat to the Planet," *New York Review of Books*, July 13, 2006, http://www.nybooks.com/articles/2006/07/13/the-threat-to-the-planet/.

ことが確実にわかるような環境において、これはジャーナリズムの過誤に等しい。客観性に課された目的は、真実と虚偽に等しく時間を与えることではない——その目的は真実を支持することにある。科学者たちがすでに気候変動について統一した見解に達しているのだから、「論争」があるとしても、それは石油会社と彼らの嘘を信じている人々が巻き起こしてきた政治的なものでしかない。こうして、次のような結果がもたらされる。たとえ現実に進行している科学的な論争などなかったとしても——四〇年前に喫煙と癌の繋がりをめぐる科学的な論争などなかったのとまさしく同じように——、大衆はそうした論争が存在していると考えたのだ。

そして、誰が大衆を批難できるだろうか？　彼らは論争をニュースで見ているのだ！　メディアは今日に至るまで、自分たちはバイアスにかかっていないと示すことで「屁を放って尻を隠す」方を好んで選び、「真実を伝える」仕事を放棄してきた。これは、いんちきの懐疑論にすぎないことを介して、事実にもとづく事柄に混乱を作り出そうとする人々の思う壺である。なぜメディアはそんなことを認めてきたのだろうか？　その理由の一端は、怠惰な報道にあるだろう。あるコメンテイターは次のように書きつけている。

客観性は、怠惰な報道を許してしまう。もしあなたが締め切り目前に「ストーリーの両面」しかもっていなかったとしても、たいていはそれで十分なのだ。討論にかかわる複数の要素を適切に配置しているストーリーは、読者にとって何の価値もないというわけではないが、わたしたちはあまりに頻繁に［…］「最新のもの」に取り憑かれ、だんだんと、何が真実で何が嘘かをより深く理解できるようにストーリーを進めることができなくなってしまうのだ(26)。

だが、これは恐ろしい結末をもたらすだろう。というのも、真実であることに対して虚偽の対抗言説を提供すれば、動機づけられた認識（motivated reasoning）を根付かせることになるからだ。政治的なサクラがメディアを都合よく利用して、メディアは視聴者を誤った方向へ導いていた。だが、もうひとつちがった見方も存在する。それは、利益だ。競合が激しくなるばかりのメディア環境のなかで、ネットワークは「ストーリー」を探し求めていたのかもしれない。ストーリーにはある程度のドラマが必要となる。ドナルド・トランプが自著『トランプ自伝〔7〕』のなかで言っていたことのなかに真実がひとつあるとすれば、それは、メディアは真実よりも論争を愛するということだ(27)。なんらかの告発があったとき、それは明らかに複雑な問題に対して起こったひとつの例外でしかなかったと結論して、その告発を正当

(26) Brent Cunningham, "Rethinking Objectivity," *Columbia Journalism Review*, July-August 2003, http://archives.cjr.org/feature/rethinking_objectivity.php.

(27) Donald Trump with Tony Schwartz, *The Art of the Deal* (New York: Random House, 1992).〔ドナルド・トランプ＆トニー・シュウォーツ『トランプ自伝　不動産王にビジネスを学ぶ』相原真理子訳、ちくま文庫、二〇〇八年〕

に棄却できるだろうか？　というのも、ワクチンと自閉症の疑わしきつながりという問題をめぐって、一九九八年のアンドリュー・ウェイクフィールド博士によるいんちきの研究にもとづいて、同じことが起こったからだ。

そこでのドラマは、いっそう高度なものだった。病の子どもたちと悲嘆にくれる親！　味方についたハリウッドのセレブたち！　もしや陰謀と政府の隠蔽か！　こうしてメディアはふたたび、エビデンスにもとづくもっとも妥当な結論を完全に報道し損ねた。ウェイクフィールドの研究は、ほぼまちがいなくいんちきだった。彼は公表できない利益相反を大量に抱えており、研究は再現不可能で、さらに医師免許も剝奪されていた。これが明るみに出たのは二〇〇四年、ワクチンと自閉症というストーリーが高まる最中のことだった。後に、ウェイクフィールドの研究は虚偽のでっちあげだったという決定的な報告があったとき、その被害はすでに進行してしまっていた。画面分割のテレビ討論は、数年間にわたり大きな被害を与えた。ワクチンの摂取率は急落し、かつてほとんど撲滅された病気――はしか――が後に、一四州にわたる八四人の人々のあいだで突然発生したのだ[28]。

こうしたことすべてにおいて、印刷メディアには責任がないと考えているのなら、それは間違っている。「バイアスとしての均衡――地球温暖化と合衆国の主要紙」と題された二〇〇四年の研究で、マクスウェル・ボイコフとジュールズ・ボイコフは、『ニューヨーク・タイムズ』、『ワシントン・ポスト』、『ロサンゼルス・タイムズ』、『ウォール・ストリート・ジャーナル』における「偏りのない報道」という規範が、気候変動に関して大衆を深刻なほど誤った方向に導いていると明らかにした(29)。ここでの問題は、いわゆる政治的バイアスではまったくない。むしろ問題となるのは、研究者が「情報バイアス」と呼ぶものだ。これは、ニュース素材とジャーナリストによるニュース報告が、結果として真実から歪められた報道内容となってしまうときに生じる。つまり、「[情報]バイアス」とは、地球温暖化をめぐる主要紙の報道内容が、「科学的なコミュニティにおける一般的な統一見解から逸脱してしまうこと(30)」を指す。だが、こんなことがいかにして起こるのか？　客観性、公正性、正確性、均衡というジャーナリズムの価値を固く守ることで、人が真実から遠ざけられるなんてことがあり得るのだろうか？　その答えは「偏りのない報道」を達成しなければならないという圧力に屈従することにある。だがこの「偏りのない報道」には、報道を真実以外のものへ押しやることで利益を享受する特定の党派によって提供された情報が含まれているのだ。このことが、二次的な意見に不当な信頼性を与える「否定言説」を創り

(28) Steven Salzberg, "Anti-Vaccine Movement Causes Worst Measles Epidemic in 20 Years," Forbes.com, Feb. 1, 2015, https://www.forbes.com/sites/stevensalzberg/2015/02/01/anti-vaccine-movement-causes-worst-measles-epidemic-in-20-years/#27ce10b6069d.

(29) Maxwell Boykoff and Jules Boykoff, "Balance as Bias: Global Warming and the US Prestige Press," *Global Environmental Change* 14 (2004): 125–136, http://sciencepolicy.colorado.edu/admin/publication_files/2004.33.pdf.

(30) Ibid., 127.

だしている。「地球温暖化に対する懐疑論者からなる小集団は、偏りのない報道によって、自分たちの意見を増幅することができる」[31]。問題は実のところきわめて単純なものだ。たったひとつでも腐った材料を含んだレシピを作れば、料理全体から腐ったような味がするだろう。

均衡は中立性を目的としている。報道する側に求められるのは、どんな重要な論争であっても、対立しあう側面について、筋道の通った代弁者の見方を差し出すこと、そしておおむね同等の注意を両側面に向けることだ[32]。

だがそこには危険もある。均衡とは多くの場合、事実検証の代わりを務めるものだからだ。典型的なジャーナリストは、科学ライターとしての訓練を受けた者であっても、主張の妥当性を自ら確認する時間もなければ、高度な専門知識ももたない[33]。

それゆえこうした状況は、特定の科学的な問題がいかに報じられるかによって利害が生じる、イデオロギーをもった「専門家」が都合よく利用するのに絶好の機会なのだ。

こうしたことは、地球温暖化の問題には起きていたのだろうか？　もちろんそうだが、それは何も驚くべきことではない。アメリカ石油協会が招集した一九九八年の会議と、後に漏洩した彼らの戦術を記したメモのことを覚えているだろうか？　石油会社が採用した「独立系科学者」は成果をあげていた。ボイコフらははっきりと、気候変動をめぐる報道内容におけるメディア・バイアスを創り出すひとつの要因として、ＡＰＩのメディア戦略の成功に言及している。

米国主流紙の報道内容の大半で、偏りのない説明がおこなわれている。こうした説明は、人間が地球温暖化に与しているという見方と、もっぱら自然の変動によってのみ地球の気温上昇は説明できるという別の見方に対して「おおむね同等の注意」を向けている。(34)

紙媒体のジャーナリストも、テレビのジャーナリストと同じような役割を演じていたのだ。

(31) Ibid.
(32) Ibid., 129.
(33) Ibid., 129.
(34) Ibid.

ポストトゥルースとの関係

今日では、伝統的でジャーナリスティックな価値の守護者は、勝ち目のない状況に置かれている。偏った意見を土台にした、ときに編集されることさえない内容が、ますますポピュラリティを獲得しつつある。彼らは、こうした記事に直面し、自分たちの市場専有率が侵食されていくのを目にしながら、真実の維持に最善を尽くしているときでさえ、バイアスがかかっていると非難される。大統領を嘘つき呼ばわりしようものなら（大統領が嘘をついているときでさえ）、彼らは批判を受ける。科学的な論争をめぐる「懐疑論者」の発言を無視すれば、ストーリーの一面しか伝えていないと責められる。主流の新聞やテレビジョン・ネットワークにいる者が、ジャーナリズムの価値が擁護され、その影響力が敬われていた「古き良き日々」に戻りたいと望むのに、何の不思議もない。[35]

だが、彼らが得たものは、そうではなく、批判による猛攻撃だ。ドナルド・トランプにとって、トランプは「フェイクニュース」を好まないという報道内容は、どんなメディアの報道でも好ましいものであった。選挙決起大会で彼は、報道陣を「地球上でもっとも不誠実な人間の集まり[36]」と呼んだ。それはいまも続いている。最新のギャラップ調査[8]によると、アメリカ人のマスメディアへの信用はいまや最低記録にまで落ち込んでしまった。ウォーターゲート事件とヴェトナム戦争の直後にあたる一九七六年の七二％という最高水準から、いまでは三二％にまで低下したのだ。[37]

こうしたことはあくまで、ポストトゥルースに至る道筋のもうひとつの段階にすぎない。いまやニュースの受け手はきわめて多くの党派から構成されるので、伝統的なメディアとそれに代わるメディアの境界はぼやけてしまい、いまでは多くの人々が、真実を語るには疑わしい価値を信奉する情報源からニュースを得ることを好んでいる。実際近頃では、多くの人々は、どの情報源にバイアスがかかっているかさえ見分けることができない。そして、あらゆるメディアにバイアスがかかっていると信じているなら、バイアスがかかった情報源のなかから好みのものを選んで支持しても大差はない、ということになるだろう。大統領選挙以降、さまざまなメディアの情報源の信憑性を測定するための見取り図を提供してきた人々が、身体的危害を加えるという脅迫を受けたこともある[38]。

（35）ここで知らせておきたい良い報せもある。トランプの当選以来、『ニューヨーク・タイムズ』、『ロサンゼルス・タイムズ』、『ワシントン・ポスト』の購読者数がいずれも増加しているのだ。二〇一六年一二月に『ワシントン・ポスト』は、ニュース編集室の人員を六〇名追加することを発表した。Laurel Wamsley, "Big Newspapers Are Booming: 'Washington Post' to Add 60 Newsroom Jobs," NPR.org, http://www.npr.org/sections/thetwo-way/2016/12/27/507140760/big-newspapers-are-booming-washington-post-to-add-sixty-newsroom-jobs.

（36）Julie Hirschfeld Davis and Matthew Rosenberg, "With False Claims, Trump Attacks Media on Turnout and Intelligence Rift," *New York Times*, Jan. 21, 2017, https://www.nytimes.com/2017/01/21/us/politics/trump-white-house-briefing-inauguration-crowd-size.html.

（37）http://www.gallup.com/poll/195542/americans-trust-mass-media-sinks-new-low.aspx.

（38）"Professor Makes List of Fake, Misleading News Sites You May Want to Avoid," *CBS Boston*, Nov. 16, 2016, http://boston.cbslocal.com/2016/11/16/fake-news-sites-websites-list-professor-merrimack-college-zimdars/.

もちろんソーシャルメディアの台頭は、こうした情報の錯綜状態の進展を促してきた。いまや真実と偏った意見がインターネット上で横並びになって差し出されるようになったが、何を信じるべきかを誰が知っているというのか？　今日の読者や視聴者は、ふるいにかけられることも審査を受けることもないままに、たえまなく流れる党派的心情に簡単にさらされてしまう。主流のメディアの評判がどん底にある以上、プロパガンダを流布させることで利益を享受する人々も、他人が自分たちの側のストーリーを語るかどうかについて、もはや心配する必要はない。いまや彼らは、自分自身の表現手段となるメディアをもっているのだ。

そして、たとえそれが失敗したとしても、Twitterがつねに存在している。メディアが敵だというのなら、そのときトランプは、自身のメッセージを国民に直接伝えることができる。人々が合衆国大統領の声を直接聞けるとき、ファクトチェックを必要とする者などいるだろうか？

現実への異議申し立ては完成する。

第五章　ソーシャルメディアの台頭とフェイクニュースの問題

インターネット上で読むものは、なにも信じてはならない。
――トーマス・ジェファーソン(1)

当然のことながら、伝統的メディアが凋落した原因の大部分はインターネットにあった。合衆国において、印刷された新聞の発行部数が最大に達したのは一九八四年のことだった(1)。それから、ケーブルテレビに市場占有率を奪われたことがひとつの原因となり、長期におよぶ衰退がはじまった。しかし本当の崩壊は、一九九〇年代に広い範囲の大衆がワールド・ワイド・ウェブ（WWW）を利用できるようになったことではじまった。二〇〇八年の金融危機（リーマン・ショック）が発生すると、多くの新聞は自分を切り売りするサイクルに入った。収益が落ち込み、人員を削減すると、発行部数は減少し、購読者も減りつづけた。

近年アナリストたちが報告しているように、新聞は印刷部数を着々と減らすことで読者に購読をやめるよう勧めている。大半の新聞が物理的なサイズを縮小して――つまりページ数を少なくし、ページはより小さく、記事もより少なくして――それらを制作するニュース編集室の人員も縮小してしまった。「わたしには、制作物の編集の質になんらかの衝撃を与えることなしに劇的にコストを削減することは不可能に思えます」と、ゴールドマンサックスのアナリスト、ピーター・アパートは言った。「それが発行部数を左右すると証明することはできませんが、わたしが新聞社の経営者であれば寝られないというのは確かです。(2)」

ピュー調査研究所による二〇一六年の最新報告「ニュース・メディアの現状」で提示されているのは、まったくの悪夢だ。

新聞にとって、二〇一五年は後退を続けた一年のようなものだ。平日版の発行部数は七%、日曜版は四%低下し、いずれも二〇一〇年以来最大の下落を示している。同時に、広告収入は二〇〇九年以来最大の下げ幅を記録し、二〇一四年から二〇一五年にかけて約八%も下落した［…］データを参照できた最新の年にあたる二〇一四年には、ニュース編集部の雇用者数も一〇%低下しており、これは二〇〇九年以降のどの年よりも多い。新聞社の従業員数は、過去二〇年間で、三九%にあたる約二万も減少した。[3]

その一方で、放送業界とケーブルテレビ・ネットワークは、また違う種類の凋落を経験しつつあった。前章でみたように、事実にもとづいた調査報告をやめ、特定の意見にもとづいた識者先導型の報道内容へと向かうプロセスは、一九九〇年代初頭にはじまっていた。すでにテレビ・ネットワークは（新聞と共に）数年間にわたって、より安価な国内の報道内容を好み、海外支局の規模を縮小したり閉鎖したりしていた。[4] 二〇一五年まで——少なくとも、財政と重要度の見地からすれば——、それが先見の明のある決定のように見えたのは、まさにここ国内において、この数十年間のあいだでもっとも大きなニュース記事が生じることになるからだ。

（1） Katharine Seelye, "Newspaper Circulation Falls Sharply," *New York Times*, Oct. 31, 2006, http://www.nytimes.com/2006/10/31/business/media/31paper.html.

（2） Richard Perez-Pena, "Newspaper Circulation Continues to Decline Rapidly," *New York Times*, Oct. 27, 2008, http://www.nytimes.com/2008/10/28/business/media/28circ.html.

（3） Pew Research Center, "State of the News Media 2016: Newspapers Fact Sheet," June 15, 2016, http://www.journalism.org/2016/06/15/newspapers-fact-sheet/.

（4） Lucinda Fleeson, "Bureau of Missing Bureaus," *American Journalism Review* (Oct.-Nov. 2003), http://ajrarchive.org/Article.asp?id=3409.

二〇一六年の大統領選挙が、テレビ・ネットワークにとって恩恵となったと言うのは、きわめて控えめな表現だろう。テレビ・ネットワークの視聴率は急上昇し、その収益はどんどん上昇した。CNNは、二〇一六年に自社史上最高額の十億ドルもの売上高を報告した。[5] FOX(すでにもっとも収益の高いケーブルネットワークだった)では、一六億七千万ドルに上ると予測された。[6] 昼も夜も、人々は十分な量の選挙報道を得ることができなかったのだ。「前年に比べ、日中の視聴率は、FOXでは六〇%、CNNでは七五%、さらにMSNBCでは異例の八三%もの上昇を遂げた」[7]。いかにして彼らはそんなことを成し遂げたのだろうか? 主たる理由は、人々が望むものを与えたことだ――そしてそれによって、ドナルド・トランプに関する報道内容が飽和する事態が生じた。もちろんFOXニュースは、嬉々としてトランプのサクラになった。すでに何人かの者は、その報道内容が共和党のプロパガンダにすぎないとして退けた。[8] だがCNNでさえ、トランプの決起集会を生放送で全編にわたって放送し、なんの精査をすることもなければ、編集部によるコメントをつけることもしなかった。ある試算によると、ケーブルニュース・ネットワークは二〇一六年の選挙期間中に、トランプに対して無料放送のかたちで五〇億ドル相当の利益をもたらした。[9] もちろん、そうしたのは自分たちの利益のためだ。トランプは金の卵を産むガチョウであり、彼がその報道内容から恩恵を被っていた一方で、テレビ・ネットワークもまた収益を得ていたのだ。こうすることで彼らは、トランプがついた嘘を確認する責任をあいまいにしたのだろうか? 多くの者はそうだと考えている。なぜなら、科学的な話題をめぐってすでに実行していた「偽の等価性」という戦略と比較して、それより少しでも高い水準で真実を伝えることを実行したネットワークはほとんどなかったからだ。彼らは「偽の等価性」戦略のもと、識者による公開討論会にトランプの支援者とクリントンの支援者の双方を含めた。ドナルド・トランプが大統領に選出される手助けをしたのはＣＮＮだと言う者さえいるだろう。[10] ＣＮＮの社長ジェフ・ザッカーはそこまで言いはしないが、彼ですらこう認めている。「去年、わたしたちがなにか過ちを犯したとすればそれは、わたしたちが彼の［トランプの］選挙決起大会について、その数ヶ月前からあまりに多く取り上げ、それを放送したことだろう[11]」。その一方で、決起大会のあいだにトランプは、あらゆる所でメディアを侮辱していた。彼

（5）Paul Farhl, "One Billion Dollars Profit? Yes, the Campaign Has Been a Gusher for CNN," *Washington Post*, Oct. 27, 2016, https://www.washingtonpost.com/lifestyle/style/one-billion-dollars-profit-yes-the-campaign-has-been-a-gusher-for-cnn/2016/10/27/1fc879e6-9c6f-11e6-9980-50913d68eacb_story.html?utm_term=.c00743f7897c.

（6）Ibid.

（7）Brett Edkins, "Donald Trump's Election Delivers Massive Ratings for Cable News," *Forbes*, Dec. 1, 2016, https://www.forbes.com/sites/brettedkins/2016/12/01/donald-trumps-election-delivers-massive-ratings-for-cable-news/#3df398f5119e.

（8）Neal Gabler, "Donald Trump Triggers a Media Civil War," billmoyers.com, March 25, 2016, http://billmoyers.com/story/donald-trump-triggers-a-media-civil-war/.

（9）Rantt Editorial Board, "The Media Helped Elect Donald Trump and They Need to Own Up to It," rantt.com, Dec. 20, 2016, https://rantt.com/the-media-helped-elect-donald-trump-and-they-need-to-own-up-to-it-a33804 e9cf1a.

（10）Ibid.

は柵をめぐらせた囲いのなかへメディアを押し込め、自分がスピーチをしているあいだ群衆のショットを挿入することを禁じた。どのようにして彼はこんなことを成し遂げたのか？　ニュース・ネットワークは、トランプ旋風から利益を享受するための条件として、トランプの要求を受け入れていた。新聞は生命維持装置に繋がれ、テレビニュースは少なくとも利益という点では最悪も同然な状態にある。そんななか、大衆はどこに行けば、最近のメディアによる非礼に対して苛立ちを吐き出し、信頼する人々から正しい新情報を得ることができるのだろうか？　彼らはソーシャルメディアに直行したのである。

Facebookは、二〇〇四年に創り出されたときは、ユーザーが既存の友達とつながって新しい友達も作れる、ソーシャル・ネットワーキング・サイトだった。ユーザーは自分たちの考えをシェアし、あらゆる好みの話題のコミュニティに参加することができた。Facebookは成長するにつれ、ニュース収集サイトとしての強みを増していった。その理由は、人々がニュース記事を自分のページで共有したことに加えて、そのページの右側にある、Facebookがキュレーション（そして編集）をした「トレンド記事（stories）」欄[2]にも求められる。トレンド記事欄は「いいね」によって左右されるため、そこではわたしたちが見たくなるようなニュース記事がターゲットとして選ばれ、呈示される。当然ながら他社もユーザーコンテンツの提示にとどまらず、ほかの情報源と一体化して影響力を増すニュース記事によるオルタナティヴなネットワークを創造するために参入した。二〇〇五年にはYouTubeが、そして二〇〇六年にはTwitterが創立されたのである。

ニュースの情報源としてソーシャルメディアが台頭したことで、ニュースと意見の線引はよりいっそうあいまいになった。人々は、ブログやオルタナティヴなニュースサイトから、そして誰も知らない場所から、あたかもそこにあるものすべてが真実であるかのように、それらの記事をシェアした。二〇一六年の大統領選が白熱するにつれて、ソーシャルメディアの内容はますます党派的になった。そしてその内容は、テクノロジーによって可能になった「動機づけられた認識」の雰囲気によく合うものだった。わたしたちは、自分が聞きたいことを伝える「ニュース」記事を（その正確性が精査されていようとそうでなかろうと）クリックすることができた。そしてそれは、主流メディアから抜粋された、あまり耳触りのよくないであろう、事実にもとづく一部の内容とは対照的なものだった。人々は、伝統的なニュースの情報源をわざわざひいきにせずとも、知らず知らずのうちに確証バイアスの欲望を直接みたすことができたのだ。自分の関心のある出来事について、言いたいことが同じくらいたくさんある友人たちから好きなだけ多くの記事を得られるのに、どうして新聞の購読料を払うのだろう？　「主要紙」にチャンスはなかった。

ピュー調査研究所が実施した近年の世論調査によると、合衆国の成人のうち六二％がソーシャルメディアから、そしてそのうち七一％がFacebookからニュースを得ている。これが意味するのは、成人

（11） Ibid.

を迎えた合衆国の住人のうち四四%が、Facebookからニュースを得ているということだ。(12) このことは、ニュースコンテンツの情報源（とその構成）に起こった大転換を反映している。専門的調査と編集が凋落した状態で、わたしたちは、どの記事が信用できるのかを、どのようにして知ることができるのだろう？　世の中には伝統的ニュースもいまだ存在しているが、確実な情報源をもち事実に依拠した記事と、そうではないものを区別することはますます難しくなりつつある。そしてもちろん、すでに自分の見方に適っているニュースを読むこと（そしてそれを信じること）だけを好む者もいる。

　その結果として生じたのが、メディアコンテンツの分極化と断片化を進める「ニュース・サイロ」というよく知られた問題だ。(13) ニュースをソーシャルメディアから得ているのなら、賛同できない政治的な意見をもつ人々を友達リストから外して、自分が好まない情報源を無視することもできる。ニュースフィードが信頼できるか、あるいは事実無根《ファクトフリー》（fact free）なのかどうかを決めるのは、友達によるチェックおよびアルゴリズムであって、Facebookはそれらを、どのニュース記事に対してほかの記事よりも「いいね」するかを決定するために利用している。インターネットとは、信頼できる情報を探すのにうんざりした人であっても、そうした情報に直接アクセスすることを可能にするものなのに、それがいまやエコーチェンバーにほかならなくなっているとは、なんと皮肉なことだろう。そして、それはなんと危険なことだろう。現在、「ニュース」として提示されるものに対して、編集的なコントロールという形式が欠けているならば、わたしたちは、自分たちがいつ操作されているかを、いかにして知ることができるのだろう？

わたしが七歳くらいのとき、母と地方のスーパーマーケットに訪れ、レジに並んでいたときのことを覚えている。そこでわたしは、新聞のセンセーショナルな見出しを目にした。母にそれを見せると、母は「まあ、そんなものゴミよ。『ナショナル・エンクワイアラー』じゃない」と言った。「ありとあらゆる嘘を報じているのよ。信じられないでしょう」。それからわたしたちは、記事を読まなくてもそれが真実ではないと母はどうしてわかるのか、誤りと知っていることを報じても新聞はなぜ咎められずに済んでいるのかについて、真面目に語りはじめた。『ナショナル・エンクワイアラー』はいまでも紙の形式で、レジ待ちの列に置かれている。そこで、二一世紀の思考実験をおこなってみてほしい。『ナショナル・エンクワイアラー』のコピーと『ニューヨーク・タイムズ』のコピーを家に持ち帰り、ハサミでニュース記事を切り取るとしよう。それから、コラージュのように両方を横に並べ、スキャンして電子版にし、フォントを整える。すると、どちらがどちらなのか瞬時に見分けることはできなくなるだろう。どうすれば、どちらの記事が真実か、ひと目でわかるというのか？　だがこれがまさに、現在

（12） Jeffrey Gottfried and Elisa Shearer, Pew Research Center, "News Use across Social Media Platforms 2016," journalism.org, May 26, 2016, http:// www.journalism.org/files/2016/05/PJ_2016.05.26_social-media-and-news_FINAL.pdf.

（13） Ricardo Gandour, "Study: Decline of Traditional Media Feeds Polarization," *Columbia Journalism Review*, Sept. 19, 2016, http://www.cjr.org/analysis/media_polarization_journalism.php.

Facebook、Google、Yahooのようなニュース収集サイト上で、わたしたちにニュースが差し出される方法なのだ。記事の情報源を見る、とあなたは言うかもしれない。だがあなたは、どの情報源が信用できるか知っているだろうか？　もし情報源が『ニューヨーク・タイムズ』であれば、その記事はいっそう信頼に足りるだろう。ではそれが、「インフォウォーズ」〔3〕だったらどうだろうか？　あるいは「ニュースマックス」だったら？　「ABCNews.com.co」〔4〕なら？

今日ではあまりに多くの「ニュース」情報源があるので、そのうちどれが信用でき、どれが入念な精査を経ているのかを見分けるのは、ほとんど不可能に近い。さらに問題として、情報源のなかには、巧みに偽装することで、できるだけ真正のものに近づけようとしているものもある。「ABCNews.com.co」はABC Newsの一部なのか？　そうではない。伝統的なやり方で精査され事実検証を受けた記事のすぐ隣に、嘘やプロパガンダが提示されるなら、もはや人はいかにして、どれが真実かを知ることができるのだろうか？　まったく、指針を提示すべき人々がわたしたちの無知や認知バイアスを都合よく利用するなんて、なんという最悪の状況なのだろう。

フェイクニュースの歴史

フェイクニュースは、二〇一六年の大統領選にはじまったものでもなければ、ソーシャルメディアの創出にはじまるものでもない。実際、フェイクニュースはまさしく「ニュース」という概念そのものと共に生み出されたと考える者もいる。

フェイクニュースは、一四三九年にヨハネス・グーテンベルクが活版印刷を発明し、ニュースが広く出回りはじめたのと同時にはじまった。その時代に、「本当の（real）」ニュースかどうかを確かめるのは困難だった。豊富なニュース情報源――政治的ないし宗教的な権威による公的な出版物から、船乗りや商人の目撃談に至るまで――はあったが、ジャーナリズムの倫理や客観性という概念はなかった。事実を探し求める読者は、入念な注意を払わなければならなかった〔…〕「フェイクニュースは」、実際、確証済の「客観的な」ニュースよりもずっと長きにわたって〔…〕出回っていた。客観的なニュースは一世紀ばかり前に大挙として出現したものでしかない(14)。

フェイクニュースは遠い昔、科学革命や啓蒙の時期から続いていた。フランス革命直前のパリには、政府が失墜寸前であることを詳しく伝える小冊子〔パンフレット〕が数多く出回った。しかしながらこれらは、ライバルの政治派閥が制作したもので、彼らはさまざまな数字を用いて、立場の異なる人々を非

（14） Jacob Soll, "The Long and Brutal History of Fake News," *Politico*, Dec. 18, 2016, http://www.politico.com/magazine/story/2016/12/fake-news-history-long-violent-214535.

難していた。最終的には、人々が実態を知るのに十分な情報が明らかにされた。「だが、今日のように、読者は真実を把握するために、懐疑的になり腕を磨かなければならなかったのだ」[15]。アメリカ独立革命の頃は、フェイクニュースは英国人とアメリカ人の双方から出現した。なかには、一部の「頭皮を剝ぐ」インディアンがジョージ国王と行動を共にしているという、ベンジャミン・フランクリンによる完全なるフィクションもあった[16]。

それ以来アメリカでは、フェイクニュースが至るところに蔓延しつづけた。だがついに、「客観性」という基準が登場した。驚くほど明快で洞察に満ちた、マイケル・シャドソンの著書『ニュースの発見アメリカの新聞の社会史』によれば、

一八三〇年代以前には、客観性は問題にならなかった。アメリカの新聞に期待されていたのは、中立的な見方ではなく、特定の党派を支持する見方を提示することだったのだ。実際、アメリカの新聞は、わたしたちが考えるようなやり方で当時の「ニュース」を報じるものだとされていなかった——「ニュース」という考えそのものが、ジャクソン時代に生み出されたものだったのだ[17]。

ジャクソン時代に何が起こって、特定の党派を支持しない、厳密に事実にもとづくニュースという考えがもたらされたのだろうか?

それは、アメリカ初の通信社、ＡＰ通信（the Associated Press）の台頭と関係がある。電信が一八四〇年代に発明されると、ニュースを伝達する速さを利用するために、ニューヨークの複数の新聞社が一八四八年にＡＰ通信を組織した。ＡＰ通信は、政治的な態度が大きく異なるさまざまな新聞からニュースを収集して発行したため、報道を「客観的に」して、メンバーや顧客の全員に受け入れられるようにすることで、かえって成功を収めることができた。一九世紀後半まで、ＡＰ通信の特報は、各新聞における大半の報道に比べると、編集上の注釈から驚くほど自由だった。こうして、一般的にＡＰ通信の慣習がジャーナリズムの理想であると論じられるようになったのだ(18)。

このことは、フェイクニュースがなくなったということを意味していないし、ましてやどれかひとつの新聞がより「客観的」だったということも意味していない。ＡＰ通信は、特定の党派をまったく支持し

(15) Ibid.

(16) Ibid.

(17) Michael Schudson, *Discovering the News: A Social History of American Newspapers* (New York: Basic Books, 1981), 4. ここで注目したいのは、「ニュース」という概念がいつ作り出されたのかをめぐるソールとの議論である。シャドソンは、ニュースという概念はジャクソン時代に始まったとしているが、ソールは「ニュースがひとつの概念となったのは、五〇〇年前、印刷が発明されたのと時を同じくする」としている。

(18) Ibid.

ない生のままの素材を新聞社に提供したが、個々の新聞は自分たちが望むような記事を提供しつづけたのだ。

客観的な報道は、AP通信が成長しつつあった一九世紀後半のジャーナリズムにおいて、主要な規範や慣習とはならなかった〔…〕世紀転換期の一流新聞では、真実を手に入れることよりも、良い記事をでっちあげることに重点が置かれていた。さまざまなかたちをとった人気第一主義が、新聞の内容に生じた主要な発展であった[19]。

当時は「イエロー・ジャーナリズム〔5〕」の時代で、ウィリアム・ランドルフ・ハーストやジョーゼフ・ピューリッツァーのようなメディア界の重鎮が新聞の発行部数をめぐり互いに争っていた。「イエロー・ジャーナリズム」という専門用語が一八九〇年代のどこで現れたのかは定かではないが、これは、真実を伝えることよりも読者を惹き付けることにいっそう関心を払う、卑しくて常軌を逸した、スキャンダルに依拠するジャーナリズムを表すものだと広く理解されている[20]。事態はどれほど悪化したのか？戦争をはじめるには十分なくらい悪化した。「ニューヨークのジャーナリズムにハーストが現れ、新聞の発行部数をめぐる壮絶な戦いが加速しなかったら、米西戦争は開戦しなかっただろう[21]」。さらに悪いことに、これは不注意がもたらした不慮の結果ではなく、むしろ発行部数を上昇させるために故意になされた取り組みであったように思われる。

> 一八九〇年代に、ウィリアム・ランドルフ・ハーストのような富豪や彼の『モーニング・ジャーナル（Morning Journal）』が利用した誇張的な表現が、米西戦争を引き起こす後押しとなった。ハバナにいたハーストの特派員が、戦争は起きないだろうと電信を送ったとき、ハーストは［…］よく知られるように、こう返信した。「君が絵を送れば、わたしは戦争を起こしてみせる」。ハーストは、キューバの役人がアメリカ人女性の衣服を脱がせて所持品検査をしているフェイクのデッサンを発行した――そして、彼は戦争を起こした。[22]

これは悪いことにちがいないが、単にハーストが唯一の犯人ではなかったし、米西戦争を導いたイエ

（19） Ibid., 5.

（20） Christopher Woolf, "Back in the 1890s, Fake News Helped Start a War," *Public Radio International*, Dec. 8, 2016, https://www.pri.org/stories/2016-12-08/long-and-tawdry-history-yellow-journalism-america.

（21） Quotation by Joseph E. Wisan (1934), cited from Alexandra Samuel, "To Fix Fake News, Look to Yellow Journalism," *JSTOR Daily*, Nov. 29, 2016, https://daily.jstor.org/to-fix-fake-news-look-to-yellow-journalism/.

（22） Soll, "The Long and Brutal History."

ロー・ジャーナリズムが起こした事件はこれだけではなかった。

一八九八年に、合衆国海軍の戦艦メイン号が、キューバのハバナ港を離れるさいに爆発し、二五〇人以上のアメリカ人が命を落とした。その原因は決して明らかにならなかった。だがイエロー・ジャーナリズムの新聞は、スペイン人が故意に爆発させたという結論に飛びついた。「メイン号を忘れるなかれ」がイエロー・ジャーナリズムのスローガンとなり、大衆の意見を戦争へと仕向けたのだ。(23)

だがそのとき、イエロー・ジャーナリズムの熱狂が最高潮に達するなかで、客観性という考えがもがきながら前進しはじめた。

一八九六年、イエロー・ジャーナリズムに満ちたもっとも下品な時代に、『ニューヨーク・タイムズ』が、報道の「記事」モデルではなく「情報」モデルを強調することによって、最上の地位に昇りはじめた。AP通信が事実にもとづいて政治的に多様な顧客に訴えかけていた一方で、『〔ニューヨーク・〕タイムズ』は比較的選ばれた層、つまり富裕層という社会的に均質な読者層を惹き付けるために情報を提供していた。(24)

道中で特筆すべき数々の障害に遭いながら、ジャーナリズムにおける客観性という考えが、現在のほんの少し前に確立されはじめた。今日のわたしたちがいる時代は、ニュースの情報源に客観性を期待することが普通になりすぎていて、それが当然のことだとみなしてしまっている。

ウェブ発のニュースが台頭してはじめて、わたしたちの時代のジャーナリズムに関する考えが深刻な困難を抱えるようになり、フェイクニュースが勢いを取り戻した。デジタルニュースは、イエロー・ジャーナリズムを前線に連れ戻したと言ってもいいのかもしれない[25]。

だが、もう少し距離をおいて考えてみよう。ある見方からすれば、ニュースの情報源から党派的偏りのなさや客観性を期待できること自体が、驚愕すべきことではないだろうか？　歴史を振り返れば気づくが、富みかつ権力ある者はいつも、「一般庶民（little people）」が自分たち権力者の望んでいたことを考えるように仕向けようとし、そのことに関心を払っていた（そしてたいていその手段も持っていた）。印刷された言葉がライバルの情報の安価な出処となる前は、王は——あるいは、当代の金銭や政

(23) Woolf, "Back in the 1890s, Fake News Helped Start a War."
(24) Schudson, *Discovering the News*, 5.
(25) Soll, "The Long and Brutal History."

治を制御できる者なら誰でも――本当に「自分自身の現実を創り出す[26]」ことができたが、これに驚く者はいないだろう。そういったわけで、無料のメディアという考えは――たとえそれがフェイクニュースにまみれているものであっても――、きわめて革命的な（そして新しい）概念であった。だが、こうした状況がコストゼロで手に入るという考えや、真実を明らかにするにあたっては特定の党派を積極的に支持する必要はないという考えを、わたしたちはどこで手に入れたのだろうか？　これまでに見てきたように、ニュースメディアはその歴史の大半において、特定の党派を支持してきた。パンフレットとは政治的なものだった。新聞には、事業の利権やその他のバイアスをもつオーナーがいた。実際のところ、状況は本当に変わったのだろうか？　いまだにわたしたちは、客観性が与えられる権利をもっていると感じており、ニュースの情報源が客観性を提供していないときには衝撃を受ける。だがわたしたちは、事実にもとづき、特定の党派を支持しない報道内容という理想を、身銭を切って支持してきただろうか？　それどころか――二〇一六年の大統領選がわたしたちの目を覚まさせる前に――、なにかが失われている最中であるということに、本当に緊密な注意を払ってきただろうか？　テクノロジーを非難して、「最近は事情が変わったんだ」と主張するのはたやすい。だがテクノロジーはいつもフェイクニュースとかかわってきた。活版印刷や電信はそれぞれ、ジャーナリズムに期待されるものが移り変わるのに関与してきた。だがそれは、わたしたちにもまた影響を及ぼしてきた。インターネットによって、あまりに容易に（かつ安価で）ニュースを手に入れられるようになったが、その結果としてわたしたちは怠惰になってしまった。与えられて当然だというわたしたちの感情は、批判的に思考する能力を蝕んでしまった。そして少なくともこれは、フェイクニュースが再び出現するためのきわめて肥沃な環境を創り出した原因の一端ではないだろうか？

今日のフェイクニュース

これまでフェイクニュースの歴史について多く言及してきたが、まだフェイクニュースは定義されていない。フェイクニュースとは何か？　フェイクニュースは単に誤ったニュースではない。それは故意に誤っているのだ。[27] フェイクニュースは何らかの目的のために創造されている。二〇一六年の選挙シーズンの序盤では、おそらくその目的は「クリック数稼ぎ（クリックベイト）」だった。「ヒラリー余命六ヶ月！」といった見出しであなたをそそのかし、買い物カゴに『ナショナル・エンクワイアラー』を滑りこませるのと同じやり口で、あなたが挑発的な見出しをクリックして、彼らの金庫に数セントを収めることが求められていた。だがそのとき暗雲が立ち込めた。一部のフェイクニュースの創り手が、ヒラリーに対して好意的な記事よりも、トランプに対して好意的な記事の方がより多くクリックされること

(26) Jason Stanley, "The Truth about Post-Truth," Ideas with Paul Kennedy, Canadian Broadcasting Corporation Radio, April 17, 2017, http://www.cbc.ca/radio/ideas/the-truth-about-post-truth-1.3939958.

――そして、ヒラリーに対して否定的な記事がもっとも多くクリックを稼ぐこと――に気が付きはじめたのだ。そこで彼らがどちらに倍賭けしたかおわかりだろうか？　こうした環境下で、フェイクニュースはクリック数稼ぎ（クリックベイト）から誤った情報へと展開した。フェイクニュースは、財務利益を獲得する手段から、政治的な操作の手段へとかたちを変えたのだ。

二〇一六年の選挙における大量のフェイクニュースは、バルカン半島や東欧の他の地域から生み出されていた。二〇一六年十一月二五日、『ニューヨーク・タイムズ』は次のような見出しを付けた記事を掲載した。「フェイクニュース・ソーセージ工場の裏側――「これが収入のすべてだ[28]」」。ここでわたしたちは、ベカ・ラッザビゼについて知ることになる。ジョージアのトビリシ出身の貧しい大学生である彼は、ふたりのルームメイトと同居し、グーグル・アドセンスを利用して小銭を稼ごうとしていた。彼が主張するには、はじめのうちは、ヒラリー・クリントンに関する肯定的な記事を投稿し、荒稼ぎできるのを待っていたが、うまくいかなかった。そこで彼は、ドナルド・トランプに対して同じことをはじめて、金鉱を探り当てた。「とにかくトランプに［…］人々は熱狂するんだ」と彼は言った。「自分の客はトランプのことが好きなんだ［…］トランプについて悪いことは書きたくない。もしトランプについてフェイクニュースを書いたら、客を失ってしまう」。こうして彼は、ヒラリーを批判しトランプに関する好意的な作り話にどんどん賭け金を投じて数千ドルを稼いだ。もっとも利益をあげた彼の記事は完全なるフィクションだった。それは、トランプが米大統領選に勝利したらアメリカ人に対して国境を封鎖するとメキシコ政府が発表したというものだ。報道にさいしてラッザビゼは、政治的な動機はいっさいないと言っていた。彼はただ、金を追いかけていたにすぎないというわけだ。また彼は、自分が書いたものならどんなものでも、誰もが本当の（real）ニュースと間違えることへの驚きを吐露していた。「メキシコが国境を封鎖するなんて、誰も本当に信じていない」。事実、彼は自分が「フェイクニュース」としてそれを書いたとは少しも思っておらず、むしろ「風刺」とみなしていたと言っている(29)。

いまではアメリカの一七の情報機関すべてが、ロシア政府が合衆国選挙のハッキングに積極的に関与していたと結論を下している以上、ロシア政府を無実だとする主張は疑ってかからねばならない。クレムリンは、選挙を操作するのに利用できる情報を求めて、民主党全国委員会のコンピューターに侵入した——そして、トランプを支持する大量のフェイクニュースがロシアやその衛星国から生まれた——。ヒラリー批判のフェイクニュースの背後で、いくらかのインセンティヴ（あるいは少なくともそうすべき

(27) おそらく嘘との類推から、フェイクニュースをフェイクにしているのは——単なる内容の虚偽ではなく——誤った方向へ導く意図の存在だという理解が進んでいた。だがこのことは、必然的に次の疑問をもたらす。もし人が真実ではないことを共有し、本当にそれを信じていたとしたら？　そのとき、それはフェイクだろうか？　一般投票に本当に勝利したと信じるほどにトランプが勘違いしているとしたら、彼は欺瞞に満ちた政治家（inoculated）ということになるだろうか？

(28) Andrew Higgins et al., "Inside a Fake News Sausage Factory: 'This Is All About Income,'" *New York Times*, Nov. 25, 2016, https://www.nytimes.com/2016/11/25/world/europe/fake-news-donald-trump-hillary-clinton-georgia.html?_r=0.

(29) Ibid.

だという考え）が政治的な筋から来たかもしれないと思うのは、本当にそれほど想像困難なことだろうか？　ハッカーたちの関心は金にしかなかったのかもしれないが、彼らは誰の目的に寄与していたのか？　実際、マケドニアのとある小さな町は、トランプを支持する一〇〇以上のウェブサイトの出処となっていた。これは特定の目的に適った取り組みではなかったし、その背後にはなんらイデオロギーにかかわる目的などなかった、わたしたちはそう考えるべきなのだろうか？(30)

こうした疑問がいまも解決しないまま長引いているのは、フェイクニュースの提供者が海を飛び越え合衆国で生まれはじめたからだ。「ソーセージ工場」の記事から二ヶ月後、『ニューヨーク・タイムズ』は、ヒラリーに反対するフェイクニュースをめぐるもうひとつの大事件を掲載した。それは、キャメロン・ハリスという、デイヴィッドソン・カレッジを卒業してまもないトランプの支持者が身柄を拘束されたときのことだった。彼は「クリスチャン・タイムズ」という自身のウェブサイトで、フェイクニュースの「最高傑作」の文責を担う人物だ。彼の付けた見出しはこう伝えていた。「数万票ものクリントンへの不正票、オハイオ州の倉庫にて発見される(31)」。ハリスは、倉庫の管理人をでっちあげ、インターネットから英国の投票箱の写真を盗み取り、自室のキッチン・テーブルですべてを正しいものへと料理した。そしてこの記事は六万人もの人々に共有されたのだ！　ジョージアのハッカーと同じく、ハリスは自分の動機は金だったと主張した。彼は数日間で五〇〇〇ドル近くを稼いだが、もっとも重要なのは自分が学んだことだと言った。「はじめのうちは戸惑いを覚えました」。彼は言った。「なんて簡単に人は信じるんだ。ほとんど社会学の実験のようなものでした」。記事のなかでハリスのしていたことが明かされると、彼はすぐさま職場を解雇され、自分のしたことに対して自責の念を表した。それでも彼は、フェイクニュースは「両側面（both sides）」のうえに創り出されるといって自分を正当化したのだった。[32]

もちろん、動機について思索するときは注意しなければならない。二〇一六年の大統領選のさいのロシアによるハッキングに対して、ＦＢＩと議会による調査はいまだに続いており、わたしたちはこのハッキングがどれほど入念に準備されたものだったかを知らないままでいる。[33]明らかになったように思えるのは、合衆国大統領選のさいにフェイクニュースを送り出した人々の大半がイデオロギーにかかわる動機を持っていようといなかろうと、彼らの行動は政治的な影響力をもっていたということだ。どれほどの人々が、ヒラリーの不正投票に関する記事を読みそれを信じて、まだどちらに投票するか決めて

（30） Samantha Subramanian, "Inside the Macedonian Fake-News Complex," *Wired*, Feb. 15, 2017. https://www.wired.com/2017/02/veles-macedonia-fake-news/.

（31） Scott Shane, "From Headline to Photograph, a Fake News Masterpiece," *New York Times*, Jan. 18, 2017, https://www.nytimes.com/2017/01/18/us/fake-news-hillary-clinton-cameron-harris.html.

（32） Joe Marusak, "Fake News Author Is Fired; Apologizes to Those Who Are 'Disappointed' by His Actions," *Charlotte Observer*, Jan. 19, 2017, http://www.charlotteobserver.com/news/local/article127391619.html.

いない人々に向けてそれをシェアしただろうか？　同様に、ヒラリーに脳腫瘍があるかどうかについて憶測する、ブライトバードやそのほかの右派の表現の場における記事のどれくらいが、政治的な影響をもつことを意図した――あからさまなフェイクニュースとは言わないまでも――少なくとも「偽の情報」に相当するものだったのだろうか？　実際、注意の欠如や故意の無視が、特定のイデオロギーの達成に役立つはずがない、などと言えるのだろうか？　選挙が終わった後、会社員のエリック・タッカー（Eric Tucker）は、テキサス州オースティンのバスの写真をツイートし、トランプに反対する雇われ抗議者を連れてくるのにバスが使われていると言った。彼は一〇セントも稼げなかったものの、真実を含まない自分の考えでニュースを汚染することに加担した。彼の投稿は Twitter 上で一万六〇〇〇回、Facebook 上で三五万回以上もシェアされ、ついにはトランプ自身にまで届いた。そしてトランプは「抗議の専門家はいまやメディアに扇動されている」とツイートした。(34)

先の科学否定論の例でみたように、嘘をつく者と嘘をつかれる者のどちらもが、真実にとっては危険な存在となる。気候変動の否定は石油会社の経済的な関心からはじまったかもしれないが、すぐさまそれは、壊滅的な衝撃をもたらしうる政治的イデオロギーになった。同様に、二〇一六年の選挙をめぐるフェイクニュースは、クリックベイトとしてはじまったかもしれないが、ほどなくして政治的な破壊工作の武器となった。その目的が利益であろうと権力であろうと、フェイクニュースは故意に誰かの誤った情報に対して人を反応させようとする。だがいずれの場合でもその結末は恐ろしいものとなる。大統領選からひと月も経たないうちに、精神の錯乱した男がワシントンDCにあるピザ屋に入ってライフルを発砲し、こう言った。クリントン夫妻が財政界から構成される児童売春所を運営しているという以前読んだ記事について調査しているのだ。この事件は、ソーシャルメディアやオルタナ右翼のウェブサイトを横断して拡散していたフェイクニュースの記事（ハッシュタグ「#ピザゲート（#pizzagate）」でまとめられている）がもたらした結果だった。[35] 幸い負傷者はいなかった。だがフェイクニュースがもたらしうる悪影響はほかにもあるのではないだろうか？　バズフィードが報じるところでは、二〇一六年の大統領選に続く三ヶ月のあいだ、Facebook上では、上位二〇のフェイクニュースの記事の方が、上位二〇の実際のニュース記事よりもシェアされていた。[36] このことは、トランプへの風当たりが変わる原因になりえたのだろうか？　あるいはひょっとすると、よりいっそう危険に満ちた――核戦争といった――

（33）二〇一七年一〇月三一日、米国上院情報委員会は、「大統領選挙のあいだに、ロシアが少なくとも一〇〇〇人のネット工作員（trolls）を雇い、民主党の候補者ヒラリー・クリントンを攻撃するフェイクニュース・ストーリーを拡散しているという報告」について調査中だと発表した。この取り組みは明らかに、ウィスコンシン州、ミシガン州、ペンシルベニア州といった、選挙の結果を左右する特定の州を標的にできるほど高度に練られたものだった。http://www.independent.co.uk/news/world/americas/us-politics/russian-trolls-hilary-clinton-fake-news-election-democrat-mark-warner-intelligence-committee-a7657641.html.

（34）Sapna Maheshwari, "How Fake News Goes Viral: A Case Study," *New York Times*, Nov. 20, 2016, https://www.nytimes.com/2016/11/20/business/media/how-fake-news-spreads.html?_r=0.

結末につながったかもしれない。

「ピザゲート事件」の数週間後、パキスタンの国防相は、「イスラエル国防相――パキスタンが何の口実もなしに陸上部隊をシリアに派遣すれば、核攻撃でパキスタンを破壊する」という内容のフェイクニュースの記事を読んだ結果、イスラエルに対して核による報復をおこなうと脅しをかけた[37]。米西戦争がフェイクニュースによってはじまったのならば、別の戦争もまた起こりうると考えるのはそれほど馬鹿げているだろうか？　それはどこでストップできるだろうか？　フェイクニュースは遍在している。信じられないなら、Google で「ホロコーストは起こったか？（did the Holocaust happen?）」と検索してみればいい。二〇一六年一二月の段階では、そのトップ結果はネオナチのウェブサイトを提示する[38]。二〇一六年の選挙以降、「最終選挙結果」を伝える Google で最上位の記事は、トランプは一般投票に勝利したと断言する、でたらめの数字を示すフェイクストーリーだったのだ[39]。

話の転がる先

トランプは、大統領として迎えた最初の一年間で、自分が信じたくないものにフェイクの烙印を押し、フェイクニュースという考えを自分の目的のために都合よく利用しようとした[40]。二〇一七年一月に開催された、当選後、大統領に就任する前の最初の会見で、トランプは、CNNはフェイクニュースだからと言ってCNNの記者からの質問を拒んだ。いったい何がきっかけとなったのか？　それは、トランプについての下世話な内容も含んだ未立証の情報に関して、トランプとオバマの双方にその概略が伝えられているとCNNが報じたことにあるようだ。CNNはトランプとオバマがその情報について予め簡潔な内容を伝えられたと報じただけだ。だが、トランプにとって、CNN全部が「フェイクニュース」だ

(35) "Man Opens Fire in Restaurant Targeted by Anti-Clinton 'Pizzagate' Fake News Conspiracy," CBS News, Dec. 4, 2016, http://www.cbsnews.com/news/ police-man-with-assault-rifle-dc-comet-pizza-victim-of-fake-sex-trafficking-story/.

(36) Craig Silverman, "This Analysis Shows How Viral Fake Election News Stories Outperformed Real News on Facebook," buzzfeed.com, Nov. 16, 2016, https://www.buzzfeed.com/craigsilverman/viral-fake-election-news-outperformed-real-news-on-facebook?utm_term=.lrJLPJLWV#.ssvv6Avgl.

(37) "Duped by Fake News, Pakistan Defense Minister Makes Nuke Threat to Israel," yahoo.com, Dec. 26, 2016, https://www.yahoo.com/news/duped-fake-news-pakistan-minister-makes-nuke-threat-074808075.html.

(38) Sam Kestenbaum, "Google 'Did the Holocaust Happen'-and a Neo-Nazi Site Is the Top Hit," forward.com, Dec. 13, 2016, http://forward.com/news/356923/google-did-the-holocaust-happen-and-a-neo-nazi-site-is-the-top-hit/.

(39) Philip Bump, "Google's Top News Link for 'Final Election Results' Goes to a Fake News Site with False Numbers," *Washington Post*, Nov. 14, 2016, https:// www.washingtonpost.com/news/the-fix/wp/2016/11/14/googles-top-news-link-for-final-election-results-goes-to-a-fake-news-site-with-false-numbers/?utm_term=.a75261b0dea8.

(40) Danielle Kurtzleben, "With 'Fake News,' Trump Moves from Alternative Facts to Alternative Language," NPR.org, Feb. 17, 2017, http://www.npr.org/2017/02/17/515630467/with-fake-news-trump-moves-from-alternative-facts-to-alternative-language.

として退けるにはこれで十分だった。数ヶ月後にトランプは、ホワイトハウスの彼の側近のあいだに内輪もめが生じているとメディアが報道したこと、彼の支持率が下落しつつあること、そして二重の情報源によって立証された事実にもとづくそのほか多くの主張、これらすべてをフェイクニュースだと言ってのけた。もはやこれは超アイロニーではないか！　いまやフェイクニュースとして同定すること自体が、フェイクニュースを拡散する実践とみなされうるということなのか？

ここで思い出すべきは、フェイクニュースとは単なる誤った（あるいは、やっかい、もしくは迷惑な）ニュースではないということだ。アメリカのメディアがフェイクニュースを売り歩いているとすれば、故意にニュース内容を偽りつづける必要がアメリカのメディアにはあるということだ。その背後には、なんらかのイデオロギーや目的にかかわる動機が存在しているにちがいない。そして、アメリカのニュースメディアに陰謀が存在していることを示すエビデンスがなければ、そうしたことは単なる笑い草になる。わたしたちはここで、フェイクニュースは意図的に誤っているという考えに立ち帰るべきだ。フェイクニュースは嘘のようなものだ。それは、誰かが言っていることを、たとえそれが真実ではないと知っていても誰かに信じさせるという目的のために創られている。この考え方なら、人は、フェイクニュースとは実際、まさしく「プロパガンダ」の言い換えだと考えるかもしれない。

ジェイソン・スタンリーは自著『プロパガンダはいかに機能するか』のなかで、こうした見方に反論し、プロパガンダをバイアスのかかったコミュニケーションや操作的なそれと混同してはならないと主張している。つまり、プロパガンダは必ずしも、真実ではないことについて納得させようとするわけではなく、プロパガンダめいた主張がすべて不誠実になされていると考えてはならない。むしろスタンリーは、プロパガンダを、欠陥のあるイデオロギーを都合よく用いて強化する方法だと定義している。[41]これが正しければ、フェイクニュースとプロパガンダのどんなアナロジーも、わたしたちがこれまで想像していた以上に、よりいっそう複雑な——そして危険な——ものだということになる。スタンリーによると、プロパガンダの目的は単に欺くことにあるのではなく、むしろ、支配することにある。

近頃NPR（ナショナル・パブリック・ラジオ）で放送されたインタビューのなかで、スタンリーは、プロパガンダの目的は忠誠心を築くことだと主張した。[42]重要なのは、情報を伝達することではなく、わたしたちに「徒党を組ませる」ことだ。[43]トランプがいくつかのプロパガンダの古典的手法（感情を掻き立てる、批評家の価値を貶める、スケープゴートを立てる、分裂を求める、捏造する）を利用した結果、わたしたちは権威主義的な政治へと歩を進めているのかもしれない、スタンリーはそう警告する。プロパガ

(41) Jason Stanley, *How Propaganda Works* (Princeton, NJ: Princeton University Press, 2015).
(42) "How Propaganda Works in the Age of Fake News," WBUR.org, Feb. 15, 2017, http://www.wbur.org/hereandnow/2017/02/15/how-propaganda-works-fake-news.
(43) 同様の指摘は、ジュリー・ベックの論文でもなされている。"This Article Won't Change Your Mind," *Atlantic*, March 13, 2017, https://www.theatlantic.com/science/archive/2017/03/this-article-wont-change-your-mind/519093/.

ンダの目標は、あなたの正しさを誰かに納得させることではなく、あなたが真実そのものに対して権限を持っていることを実例として示すことにある。政治的な指導者が本当に権力をもっているとき、その人物は現実に挑戦するのだ。これは信じられないことに思えるかもしれない。だが、アメリカの政治のなかに限っても、わたしたちはかつてのこうした事例を聞き取ることができる。カール・ローブが、〔6〕ジョージ・W・ブッシュの施政を批判する人々のことを、「現実にもとづいたコミュニティ」として退けたのを覚えているだろうか？　そしてローブは、「いまや我々はひとつの帝国であり、我々が行動すれば、我々自身の現実を創り出せるのだ」という、忘れがたい（身の毛のよだつ）言葉を続けたのだ。(44)

ある考えがあまりに恐ろしいとき、人はそれが真実ではないことを願う。しかしスタンリーが主張することだが、現実を軽視するこの手の権威主義は、実際にきわめて広く耳目を集めることができる。嘘をつき咎められずに済むことは、政治的なコントロールの第一歩だ。スタンリーはハンナ・アーレントの言葉をこう言い換えている。「大衆を納得させるのは事実でもなければ、でっちあげられた事実でさえない。むしろ、大衆は公然たる軽視を信じるのだ」。似たような主題について、アーレントはかつてこう述べていた。「全体主義的な統治における理想的な臣民は、熱狂的なナチ党員でも筋金入りの共産主義者でもなく、もはや事実とフィクションの区別も［…］真と偽の区別も［…］つかない人々なのだ(45)」。

話が極端になりすぎただろうか。だがもしスタンリーに同意して、フェイクニュースはなんらかの金銭的な報酬を目的とした意図的な欺き（もしかするとそれは不幸なことに政治的影響力をもつかもしれない）にすぎないと考えてしまったらば、わたしたちは愚かにも両者の歴史的な類似を見過ごすことになるかもしれない。両者はともに、こうした情報のコントロールが、きわめて政治的な脅威となりうることを示している。ヒトラーの宣伝大臣を務めたヨーゼフ・ゲッベルスは、「出典健忘」や「反復効果」のような認知バイアスを都合よく利用する達人だった。「プロパガンダがもっともうまく機能するのは、操作されている人々が自分自身の自由意志にもとづいて行動していると確信しているときだ」とゲッベルスは言った[46]。欺き、操作、宣伝は、権威主義的な政治規律を創り出す道具とみなされていたのだ。

まだ判断できない面もあるが、トランプの戦略はおそらくこれとは異なる。

1．たとえば、オバマは合衆国生まれではないとか、オバマはトランプを盗聴していたといったような、なにかとんでもない事柄について疑問を表明する（「みんな言っている」、「新聞で読んだことを繰り返し

（44）Ron Suskind, "Faith, Certainty and the Presidency of George W. Bush," *New York Times Magazine*, Oct. 17, 2004. http://www.nytimes.com/2004/10/17/magazine/faith-certainty-and-the-presidency-of-george-w-bush.html?_r=0.

（45）Hannah Arendt, *The Origins of Totalitarianism* (New York: Harcourt, Brace, 1951), 474.〔ハンナ・アーレント『全体主義の起原3　全体主義［新版］』大久保和郎、大島かおり訳、みすず書房、二〇一七年、三四五頁、ただし訳文は一部変更〕

（46）Charles Simic, "Expendable America," *New York Review of Books*, Nov. 19, 2016, http://www.nybooks.com/daily/2016/11/19/trump-election-expendable-america/.

ているだけだ」)。

2. 自身の確信以外のエビデンスを提供しない(そんなものは存在しないのだから)。

3. 報道機関はバイアスがかかっているので信頼できないと言う。

4. それによって人々は、報道機関から聞いていることが正確かどうか疑うようになる(あるいは少なくとも、問題には「論争の余地がある」と結論する)。

5. そうした不確かさに直面して、人々はイデオロギーをいっそう頑なに守り、自分が前もって抱いていた考えに適うものだけを信じることを選択し、確証バイアスに身を委ねる。

6. これがフェイクニュースの増殖する絶好の環境であり、この環境は1から5の項目をさらに強化していく。

7. こうして人々は、あなたが言ったということだけを理由にして、あなたが言うことを信じるようになる。信念は同族間で共有される。もし仲間とみなされる誰かがあることを言っていて、信用に足る反証によって異議を唱えられていなければ(ときとして、異議を唱えられているときでさえ)、人々がそのことを信じるのに時間はかからない。

真実が幾層ものでたらめ(bullshit)の下に埋められうるのなら、誰が検閲など必要としようか? そしてまさしく、ポストトゥルースという問題のすべては、次のことにかかっているのではないか? つまり、真実は感情よりも重要ではないということ。そしてもうひとつは、何が真実で何が真実ではないかということでさえ、わたしたちはもはや見分けがついていないということ。

ホロコーストの歴史家であるティモシー・スナイダーは、『暴政』という著作を執筆している。(47) 彼は本書を、わたしたちがいま歩んでいる道筋を意識しつづけるための警句として提供している。わたしたちは、フェイクニュースやオルタナティヴ・ファクトのようなものをきっかけに、容易に権威主義的な政治への道を進んでしまいかねないというのだ。実際スナイダーは、近頃のラジオインタビューで「ポストトゥルースはファシズムの前段階だ」と警告していた。(48) フェイクニュースのような他愛のないものから引き出すにしては、これは重い結論に思えるかもしれない。だが、昨今のソーシャルメディアは、プロパガンダの主導者が想像していたよりも速く、誤った情報の拡散を促進している。このことをふまえれば、わたしたちは少なくともファシズムにつながる可能性を自覚しておくべきではないだろうか？

フェイクニュースは単なるプロパガンダかどうかという疑問はいまも解決していない。フェイクニュースが、あなたから金を取るためだけに創り出されているのなら、むしろそれは詐欺に近い。だが

---

(47) Timothy Snyder, *On Tyranny: Twenty Lessons from the 20th Century* (New York: Tim Duggan Books, 2017).〔ティモシー・スナイダー『暴政　二〇世紀の歴史に学ぶ20のレッスン』池田年穂訳、慶應義塾大学出版会、二〇一七年〕

(48) Sean Illing, "'Post-Truth Is Pre-Fascism': A Holocaust Historian on the Trump Era," *Vox*, March 9, 2017, http://www.vox.com/conversations/2017/3/9/14838088/donald-trump-fascism-europe-history-totalitarianism-post-truth.

たとえフェイクニュースが、誤った方向へ導き虚偽を信じさせることを意図されたものであっても、それはまだ成熟したプロパガンダではないと人は主張するだろう。スタンリーが主張するように、プロパガンダの目的とは、あなたを騙すことではなく、政治的権力を行使することだ。欺きはこれを実行する効果的な手段となりうるが、それは唯一の方法というわけではない。真の権威主義者は、あなたの同意を必要としないのだ。ポストトゥルースが本当にファシズムの前段階ならば、フェイクニュースは、その後に来るもののためにわたしたちの態度を軟化させることを目的とした、初期戦術にすぎないのかもしれない。フェイクニュースはわたしたちを混乱させ、あらゆる情報源が信頼に足りうるかどうかを疑わせる。ひとたびわたしたちが、もはや何を信じればいいのかわからなくなると、そのことが都合よく利用される可能性がある。もしかすると――わたしたちが信じるかどうかが重要でなくなるやいなや――、完全なるプロパガンダがそのあとで到来するのかもしれない。そのときわたしたちはすでに、支配者が誰なのかをわかってしまっているのだから。

反　撃

わたしたちはすでに、メディアを介した表現の場のうちどれにバイアスがかかっており、どれが信用に足るかを示すことを目的とする見取り図をみた(49)。だが、次に現れるものもおわかりだろうか？　保守系のトーク・ショーの司会者アレックス・ジョーンズのウェブサイトであるインフォウォーズが、そうした見取り図に反応し、耳目を集めているバージョンを痛烈に批判して、彼独自の見取り図を投稿したのだ。「スノープス（Snopes）」、「ポリティファクト（Politifact）」、「ファクトチェック（FactCheck）」、「ワシントン・ポスト」のような「事実検証」ウェブサイトがあるのとまさに同じく、それらにはバイアスがかかっていると主張する人々がいる。実際、左派寄りのフェイクニュースによる申し立てさえいまや存在するのだ(50)。

わたしたちに何ができるだろうか？　まず次のことを思い出しておこう。フェイクニュースは、偽の等価性という考えに従って人を欺くことに関与している人々の利益を生む。「どっちもくたばっちまえ」〔6〕と言うとき、わたしたちは、真実など存在しないと信じさせようとする人々の術中に陥っているのだ。この原則を固く心に刻んで、わたしたちが取りうる具体的な歩みをいくつかここに示そう。

第一に、システム上の問題を認識し、それがいかに都合よく利用されているか理解することだ。いま

(49) http://www.marketwatch.com/story/how-does-your-favorite-news-source-rate-on-the-truthiness-scale-consult-this-chart-2016-12-15.

(50) Robinson Meyer, "The Rise of Progressive 'Fake News,'" *Atlantic*, Feb. 3, 2017, https://www.theatlantic.com/technology/archive/2017/02/viva-la-resistance-content/515532/; Sam Levin, "Fake News for Liberals: Misinformation Starts to Lean Left under Trump," *Guardian*, Feb. 6, 2017, https://www.theguardian.com/media/2017/feb/06/liberal-fake-news-shift-trump-standing-rock.

や、米国における新規のオンライン広告の総収入のうち、八五％をFacebookとGoogleが占めている。[51] FacebookとGoogleは怪物だ。このことをふまえて、両社がフェイクニュースを撲滅するべきだと言う者もいる。〔大統領〕選挙以降にFacebookとGoogleは、フェイクニュースを厳重に取り締まる方策を公表している。Googleは選挙の直後に、自社のオンライン広告サービスを利用してフェイクニュースを拡散しているウェブサイトを停止すると発表した。[52] これは、一回クリックされるごとにGoogleから金を得ている、先のバルカン半島やほかのフェイクニュース工場の中枢にまで及んでいる。だが問題がある。フェイクニュースを喧伝しているウェブサイトだけをすべて同定したということを、どのようにして確信できるのだろうか？　そしてその方針に対する反発にどう対処すればよいのだろうか？

Facebookは、誤った方向へ導く内容や違法の内容を呈示するウェブサイトに対して、もはや広告の掲載を許可しないと発表した。[53] だがここにもまた問題がある。あるコンピューター科学の専門家によると、「Facebook上では、あなたは決して、フェイクニュース・サイトがスポンサーとなっている投稿を見ることはない」からだ。[54] 人々がFacebook上で手に入れるフェイクニュースの大半は、友達の投稿から来ており、Facebookがその投稿に対してなにかすることができるのか（あるいはなにかしたいのか）は判然としない。以前にFacebookは、アルゴリズムではなく、訓練を受けた編集者を用いて精査させたところ、トレンドニュース機能に「干渉した」と言われて炎上し、保守系からの不満を受けてこの処置を取り消したことがある。[55] いまやFacebookが自社のサイトで裸体やテロリストによる斬首の画像を取り締まっているように、また、Googleが児童ポルノの一掃を試みているように、巨大な技術企業は、レーティングや警告に関するシステムでフェイクニュースを却下するなんらかの方法を考え出すべきだと提案する者もいる。だが、ほかの不快な内容と一緒にフェイクニュースを「フィルタリング〔除去〕する」こうした試みが、バイアスのかかったコンテンツを審査するにあたって、選別する側にもバイアスがあるという非難を受けているのも確かだ(56)。

よりよい方法はあるのだろうか？　事実検証を行うサイト「スノープス」の運営編集員であるブルッ

---

(51) Katharine Viner, “How Technology Disrupted the Truth,” *Guardian*, July 12, 2016, https://www.theguardian.com/media/2016/jul/12/how-technology-disrupted-the-truth.

(52) Nick Wingfield et al., “Google and Facebook Take Aim at Fake News Sites,” *New York Times*, Nov. 14, 2016, https://www.nytimes.com/2016/11/15/technology/google-will-ban-websites-that-host-fake-news-from-using-its-ad -service.html.

(53) Ibid.

(54) David Pierson, “Facebook Bans Fake News from Its Advertising Network — but not Its News Feed,” *Los Angeles Times*, Nov. 15, 2016, http://www.latimes.com/business/la-fi-facebook-fake-news-20161115-story.html. それでも二〇一七年九月にFacebookは、クレムリンと繋がりをもつロシアの企業へ数千もの広告を販売したことを明らかにした。その広告は、二〇一六年の大統領選を操作することを意図したものだった。Scott Shane and Vindu Goel, “Fake Russian Facebook Accounts Bought $100,000 in Political Ads,” *New York Times*, Sept. 6, 2017, https://www.nytimes.com/2017/09/06/technology/facebook-russian-political-ads.html.

(55) Pierson, “Facebook Bans Fake News.”

ク・ビンコウスキー（Brooke Binkowski）によれば、「フェイクニュースを摘み取ることは、解決策にはなりません。解決するには、本当のニュースでそれを埋め尽くすことです。そうすれば、人々は情報を探しつづけ、正確で、詳細で、文脈に応じた綿密な情報を見つけ出すでしょう」[57]。これは分別ある意見に聞こえるが、そうしても間違いなく、もっとも党派性の強い人々をまともにすることはできないだろう。彼らは、すでに抱いている信念を強固にするストーリーを探しているのだ。とはいえ、先のやり方にも利点はある。結局のところ、「情報の洪水」によって、フェイクニュースはきわめて目立つようになったのではないか？　したがって解決法は、情報源をもち、正確で、エビデンスにもとづいた報道内容を提供するという使命をもった調査報道組織を支えるということになる。つまるところ、おそらくわたしたちは、ひと月に一〇件まで無料で読める記事に頼るのではなく、『ニューヨーク・タイムズ』や『ワシントン・ポスト』の定期購読料を支払ったほうがいいだろう。じっさい、先に記したように、一部の人々はすでにこうしたことを実行しているにちがいない。というのも、こうした新聞では定期購読者数は上昇しており、『ワシントン・ポスト』は大量のジャーナリストを新しく雇用したばかりだからだ[58]。

第二に、さらなる批判的思考を目指して努力したほうがいいだろう。願わくば、単科大学や総合大学が、すでにこの使命に取り組んでいてほしい。ダニエル・J・レヴィティンによる、『武器化する嘘――ポストトゥルース時代における批判的思考』と題されたすばらしい著作がある（本書はかつて『嘘図鑑

（A Field Guide to Lies）』という題名で出版されていたが、ポストトゥルースの流行を受けて改題された[59]。本書では、優れた認識には欠かせない、戦術、論理、優れた推論にかかわる技法のすべてを学ぶことができる。

カレッジに行くにはまだ若すぎるが、フェイクニュースと欺きに満ちた世界のなかで育ち、そこでの航海術を学ばないといけない「デジタルネイティブ世代」についてはどうだろうか？　わたしが読んだ、もっとも励みになる記事のひとつは、スコット・ベッドリーからもたらされた。カリフォルニア州アーバインで小学五年生の教師をしている彼は、学生に注目すべき事柄のルーブリックを与え、次に例を

（56）現在Facebookには、「誤ったニュースを見抜く秘訣」と題されたヘルプページがある。このページは役立つものの、それでも責任の大方は、自身のニュースフィードからフェイクニュースの内容を取り除く閲覧者に押し付けられている。https://techcrunch.com/2017/04/06/facebook-puts-link-to-10-tips-for-spotting-false-news-atop-feed/.

（57）Quoted in Meyer, "The Rise of Progressive 'Fake News,'" https://www.theatlantic.com/technology/archive/2017/02/viva-la-resistance-content/515532/.

（58）Laurel Wamsley, "Big Newspapers Are Booming: 'Washington Post' to Add 60 Newsroom Jobs," NPR.org, Dec. 27, 2016, http://www.npr.org/sections/thetwo-way/2016/12/27/507140760/big-newspapers-are-booming-washington-post-to-add-sixty-newsroom-jobs.

（59）Daniel J. Levitin, *Weaponized Lies: How to Think Critically in the Post-Truth Era*（New York: Dutton, 2017).〔『A Field Guide to Lies』（2016）が『武器化する嘘　情報に仕掛けられた罠』（和田美樹訳、パンローリング、二〇一七年）として翻訳されている。なお『*Weaponized Lies*』は、二〇一九年一一月に原題『*A Field Guide to Lies*』で再販された〕

使ってそれを検証することで、フェイクニュースを見抜くという授業をおこなっている。

わたしは自分の生徒に、「フェイクニュース」は正確なものとして報じられているが、信用性や信憑性に欠けていることを理解するよう求めました。良い例となったのは、ローマ法王がひとりの大統領候補者をもうひとりの候補者よりも支持しているという、広くシェアされた記事です。わたしはゲームを考案することにしました。その目標はフェイクニュースと本当のニュースを見分けることです。[…]生徒たちはすっかりこのゲームを好きになりました。なかには、休憩を取るのを拒否して、わたしが用意した次の記事を解決する機会を待っている生徒もいるくらいです。(60)

彼はどんなトリックを教えたのだろうか？　実際にはトリックなどなかった。小学五年生にできることだ。ならば、わたしたちは言い訳できるだろうか？

1．著作権を探す。
2．複数の情報源から真実かどうかを確かめる。
3．情報源の信憑性を検討する（例えば、それはどれくらいの期間活動しているか？）。
4．発行日を探す。

5．主題に対する著者の専門性を検討する。
6．以下を問う：それと自分の以前の知識に齟齬はないか？
7．以下を問う：それは現実的であるか？

ベッドリーのシステムに問題はないのか？　唯一あるとすれば、ベッドリーが受け持つ生徒はいまや、彼に対して事実検証することをやめないということくらいだ。

ポストトゥルースとの関係

フェイクニュースの問題は、ポストトゥルースの問題と密接に関係している。実際、多くの人にとって、それらはひとつの同じものだ。だがこの見方がまったく正しいわけではない。というのもそれは、核兵器の存在は必然的にアポカリプスを前提にしている、と言うようなものだからだ。武器の存在が、それを使うほどわたしたちは愚かなのであるということを意味しない。重要なのは、わたしたちのテクノロジーが創り出す困難に対して、いかに反応するかという点にある。ソーシャルメディアは、ポスト

(60)　Scott Bedley, "I Taught My 5th-Graders How to Spot Fake News: Now They Won't Stop Fact-Checking Me," *Vox*, May 29, 2017, http://www.vox.com/first-person/2017/3/29/15042692/fake-news-education-election.

トゥルースの進展を促すのに重要な役割を果たした。「真実がズボンを履いているあいだに、嘘は世界を半周している」というのは使い古された決まり文句だ。だがそれは、人間のもって生まれた本性をめぐる事実であり、そこから脱けだす素質に関する事実ではない。情報の電子的な普及は嘘を拡散するのに用いられるが、真実を拡散するのにも用いられる。戦うに値する理想があるのなら、そのために戦おう。わたしたちの道具が武器として利用されているのなら、それを取り返そうではないか。

第六章　ポストトゥルースを導いたのはポストモダニズムか？

多くの左翼思想は、火が熱いということを知ってさえもいない人々の間ではやっている火遊びのようなものだ。
――ジョージ・オーウェル[1]

ポストトゥルースの解決策は学者たちに目を向けることだと提案する者もいる。彼らは長年、エビデンスの基準、批判的思考、懐疑主義、認知の歪みなどについて考えてきた。したがって、ポストトゥルース現象のもっとも不運な起源のひとつが、大学からじかに生じているようだということを認めるのはバツが悪い。

ポストモダニズムの概念は一世紀以上にわたってあちこちに存在し、美術、建築、音楽、文学、そして多数の創造的な試みに応用されてきた。しかし、この広がりと息の長さが、その定義を易しくするわけではない。哲学者マイケル・リンチ[2]によれば、「ほとんどすべての者は、ポストモダニズムを定義することは不可能だと認めている。この言葉の流行は、大部分がそのあいまいさの結果なのだから、これは驚くべきことではない」[1]。ともあれ以下において、わたしは最善を尽くそう。

過去三〇年にわたるポストモダニズムについて話すなら、ジャン＝フランソワ・リオタールによる一九七九年の影響力ある著作『ポストモダンの条件　知・社会・言語ゲーム』の結果として、一九八〇年代に多くの大学で起こった文芸批評の動向について語ることになるだろう。マルティン・ハイデガー、ミシェル・フーコー、ジャック・デリダをふくむ――二〇世紀のほかの多くの思想家によるポストモダン思想の豊かで重要な歴史があるが、ここでわたしはいくつかの基本的な考えのみを素描することにとどめよう。ひとつ目は、「脱構築的な」文学についてのデリダの理論である。この理論によれば、作者があるテキストのなかで「言わんとしていた〔意味していた〕」ものを作者本人が知っているという考えに頼ることはできず、わたしたちはテキストを分解し、その背後の政治的、社会的、歴史的、文化的前提の作用としてそれを精査しなければならない。文学研究者は数々の偉大な文学作品について彼らが知っていたほとんどすべてのことに疑問を付すことができるという考えを触発したことで、この理論は一九八〇年代と九〇年代に、北米とヨーロッパの大学における人文科学分野で大流行となった。

この考えはすぐに社会学者などによって採用された。ある意味で、あらゆるものを「テキスト」として解釈することが可能なのだから、脱構築の概念は文学テキストのみならずもっと包括的に適用されるべきだという考えに、彼らはとりつかれた。戦争、宗教、経済関係、セクシュアリティ――実にほぼすべての人間の行動が、それに関わるアクターによって理解される、あるいは理解されないかもしれない意味を担わされた。あるテキストが（それが書かれたものであれ、行動であれ）「言わんとしていた」ものに対して、正解あるいは間違った答えが存在するという考えに、突然疑問が投じられた。いまや真理の概念それ自体が精査されていた。なぜなら、脱構築の行為においても、批評家もまた、彼または彼女の価値観、歴史、あるいは前提を解釈に持ち込んでいるということを、人は認めなければならなかったからである。このことは、あらゆる脱構築について、ただひとつではなく、たくさんの答えがありうるということを意味していた。ポストモダンの取り組みにおいては、すべてが問いに付され、額面通りに受け取られるものはほとんどない。正解はなく、語りだけが存在する。

フリードリッヒ・ニーチェの哲学思想に注釈をつけながら（ニーチェはポストモダニズムの百年前に執筆したが、その先駆者のひとりである）、アレクシス・パパゾグロウ[3]は真理の概念に関するこの種の徹底した懐疑主義を以下のように評する。

> ひとたびわたしたちが、絶対的で客観的な真理という考えが哲学によるでっちあげだと理解するなら、唯一の代替案は「遠近法主義」と呼ばれる立場だけである――これは世界が存在する客観的な仕方は

（1） Michael Lynch, *True to Life: Why Truth Matters* (Cambridge, MA: MIT Press, 2004), 35-36.

なく、世界がどのようであるかについての複数の視点だけが存在するという考えである[2]。これをポストモダニズムの最初の命題だと考えよう。つまり、客観的真理といったものは存在しない。だがもしそれが正しいなら、なにかが正しいと人が言うとき、わたしたちはどのように応じるべきだろうか?

ここでわたしたちはポストモダニズムのふたつ目の命題に行きつく。どんな真理の宣言もそれをおこなう人物の政治的イデオロギーの反映に過ぎない、というものだ。ミシェル・フーコーの思想によれば、わたしたちの社会生活は言語によって定義されるが、言語自体は権力と支配の諸関係によって貫かれている[3]。これは、知識の要求はすべて、基本的に、権威の主張にほかならないということを意味している。言い換えれば、知識とは、力のある者がより弱い者に、自身のイデオロギーにもとづく視点を受け入れるよう強いるために用いられる、威圧的な手段である。「真理」といったものはないのだから、なにかを「知っている」と主張する人はわたしたちを教育するのではなく、ただ服従させようとしているのだ。権力をもつことによってわたしたちは何が正しいかをコントロールするのであり、その逆ではない。多数の視点があるのならば、なにか特定のひとつの視点を受け入れようと主張することは一種のファシズムである。

上記の説明はポストモダニズムを十全に評価するのに足るほど詳細でない、あるいは精妙さを欠くと不平を述べる者もいるだろう。ポストモダニズム思想が多少なりポストトゥルースの先駆者であるというわたしの主張に反対する者もいるかもしれない。わたしはポストモダニズムのテキストをさらに研究すれば、その思想が右派イデオロギーを合法的な仕方で支援しているという主張を切り崩す助けとなると確信している。しかし、ポストモダニストらが自身の思想のニュアンスのうちに引きこもることで現在の状況に加担し、その思想が彼らが是認する以外の目的に用いられることで衝撃を受けている、ということにも疑問はない。

ポストモダン思想を借用する右翼の人々が、その思考の詳細にあまり興味がないのは間違いない。道具が必要となれば、彼らは骨すき包丁をハンマーとして使うだろう。じっさい三〇年前、保守主義者たちはポストモダン思想を左派の退廃の印として攻撃する際、同じようにその詳細に関心をもたなかった！　たった数十年で右派がポストモダニズム批判――たとえば、リン・チェイニー『真実を語る』――から現在の状況へと展開したという皮肉について、ここで立ち止まって考えてもいいのかもしれな

（2）Conor Lynch, "Trump's War on Environment and Science Are Rooted in His Post-Truth Politics — and Maybe in Postmodern Philosophy," *Salon*, April 1, 2017, http://www.salon.com/2017/04/01/trumps-war-on-environment-and-science-are-rooted-in-his-post-truth-politics-and-maybe-in-postmodern-philosophy/.

（3）Paul Gross and Norman Levitt, *Higher Superstition: The Academic Left and Its Quarrels with Science* (Baltimore: Johns Hopkins University Press, 1994), 77.

い。[4] ポストモダニストたちに、自分たちの観念がどう誤用されてきたかについて完全に責任があると言いたいわけではない。たとえ彼らが、現実の評価において事実が重要だという考えを密かに傷つけ、そのことが引き起こす被害を予見しなかったことについて、なにがしかの責任を認めなければならないとしても。

もちろん、真理の概念と客観性の概念にかんする妥当な疑問を提起することはできる——哲学の歴史とはまさしくそうした議論に関係している——だが、真理と客観性を完全に拒否しそれを軽蔑することは度を越したものだ。[5] もしポストモダニストが文学テキストを、あるいはわたしたちの文化習慣に隠された象徴をただ解釈するだけで満足していたなら、物事はずっと順調だったのかもしれない。だが、そうはならなかった。ポストモダニズムは自然科学に狙いをつけた。

サイエンス・ウォーズ

予想されることかもしれないが、物理学者、化学者、生物学者、その関連の科学者たち（彼らの考えでは、彼らは実験証拠に対して理論をテストすることで現実についての真理を究明している）が、「社会構築主義者」（あらゆる現実——それに関する科学理論も含む——は社会的につくられたものであり、客観的真理といったものはないと主張していた）と対決したとき、大衝突がおこった。科学社会学の「ストロング・プログラム」[4] は、あらゆる英文学科の文学批評と文化研究で人々がおこなっていることと厳密に同じものではないが、真理は視点に依存しており、すべての知識は社会的に構成されているという考えは共通していた。このように、社会構築主義の運動はポストモダニズムと親類であり、相方であるポストモダニズムが文学にしたことを社会構築主義は科学に対してしようとした。つまり、単一の特権的な視点が存在するという主張を侵食しようとしたのである。

科学社会学のより広い領野——科学の社会的構築という見解はここに由来する——は、次のような興味深い考えにもとづいている。それは、科学者が自分たちは自然を研究していると言ったとしても、誰か彼らを研究していた者がいただろうか、というものである。科学者が自分たちの理論が「正しい」と主張しているなら、彼らが実験室で働いているとき、それらの理論がどのように創られたのかを調べたほうがいいのではないだろうか?「サイエンス・スタディーズ」の領域は一夜のうちに誕生した。科学社会学のストロング・プログラムという考えは、さらにもう一歩踏み込んでいる。「弱い」仮説とは

（4） Lynne Cheney, *Telling the Truth* (New York: Simon & Schuster, 1995).〔第四六代アメリカ合衆国副大統領ディック・チェイニーの妻で文学者のリン・V・チェイニー（Lynne V. Cheney）の著書〕

（5） ポストモダン思想へのすぐれた批評について、以下を参照。Michael Lynch, *In Praise of Reason* (Cambridge, MA: MIT Press, 2012); Paul Boghossian, *Fear of Knowledge: Against Relativism and Constructivism* (Oxford: Clarendon Press, 2007); Noretta Koertge, ed. *A House Built on Sand: Exposing Postmodernist Myths about Science* (Oxford: Oxford University Press, 1998).

次のようなもの、すなわち、失敗した理論は科学的プロセスでのなんらかの失敗の結果にちがいないが、もしかしたらイデオロギーの偏りのせいであり、それによって科学者が厳密にエビデンスを信じることが妨げられているかもしれない、というものだ。ストロング・プログラムは、あらゆる理論を——正しかろうと間違っていようと——イデオロギーの産物として考えるべきだと主張した。もし人が真理といったものが存在すると信じないなら、そのとき率直な疑問となるのは、なぜ科学者は特定の理論をほかのものより好むのかということだ。エビデンスを根拠にしてそうなっていると言うことは、このことをまったく説明しない[6]。

科学は、実験上の事柄の専門家だと主張する科学者の個人的な出世に関係しているに過ぎない、と述べる者もいる。自然についての真理を発見するよりも、彼らはただ彼ら自身の権力のアジェンダと自身の政治的信念にもとづく搾取を押し進めている[7]。科学的研究の言葉はどうしようもなく性差別的で、その搾取的な性質を示していると指摘する者もいる。それは母なる自然から「秘密を聞き出し」、その調査に屈するよう自然に強いている[8]。ある研究者は、ニュートンの『プリンキピア・マテマティカ』が「レイプの手引書」であるとまで主張した[9]。

それに対して科学者が応戦した。

一九九四年、ポール・グロス（生物学者）とノーマン・レヴィット（数学者）は『高次の迷信　左派大学人および彼らと科学の係争』という本を出版した。これは論争への召集令状のようなものだった。

著者は次のように主張した。ポストモダニズムは無意味であり、科学が実際にどのように機能しているのかほとんど知らない人文学出身の人々によっておこなわれている。さらにひどいことに、その批判は科学が実際にどのようなものなのかという核心を見逃している。科学は価値ではなく事実を組み合わせるのだ。どんな戦争でも、両方の側が完璧に有徳の振る舞いをするということは稀である。わたしはグロスとレヴィットがときに科学への妥当な批判を無視していると考えるので、二人の主張において哲学的な精妙さが欠如していることを嘆かわしく思っている。[10] それでも戦争において、「民間人死傷者」が出ることを案じながらも、人は戦闘を重ねていく。次の戦いは酸鼻を極めるものだった。

（6）「ストロング・プログラム」とその創設者デイヴィッド・ブルアについてもっと知りたければ、以下の批評が最良の入門書となる。Collin Finn, "David Bloor and the Strong Programme," *Science Studies as Naturalized Philosophy*, Synthese Library Book Series, vol. 348 (Springer, 2011), 35–62.

（7）最近のピュー・リサーチ・センターによる「気候変動の政策」についての世論調査において（二〇一六年一〇月）、彼らの主張が極右によって利用されているように思われるのは皮肉なことである。「気候科学者の研究結果はたいてい――に影響されている」という導入文に応えるよう求められ、保守的な共和党員の五七％がこの空欄は「科学者のキャリア・アップの願望」だという考えを、五四％が「科学者自身の政治的偏向」だという考えを肯定し、たった九％だけが「得られる最良の科学的エビデンス」だという考えに賛成した。http://www.pewinternet.org/2016/10/04/the-politics-of-climate/.

（8）Carolyn Merchant, *The Death of Nature* (New York: Harper, 1990).

（9）Sandra Harding, *The Science Question in Feminism* (Ithaca: Cornell University Press, 1986), 113.

ソーカルのでっちあげ

パロディーは、ときとしてもっとも効果的な批判となる。『高次の迷信』に触発されて、一九九六年、物理学者アラン・ソーカルは、「境界を侵犯する　量子重力の変換解釈学にむけて」と題された、時流におもねったポストモダニズムのクリシェと量子力学についての驚くべきデタラメを混ぜ合わせた綿菓子を発表した。さらに彼はそれを普通に発表しただけではない。彼はそれを主要なポストモダニズムの学術雑誌『ソーシャル・テキスト』に送ったのである。彼らがそれをアクセプトしてしまったのはどうしてなのか。ソーカルの考えは、もしグロスとレヴィットの本で読んだことが正しいなら、論文が（a）立派なものに見え、（b）編集者のイデオロギーや思想にかなうものでありさえすれば、無意味なものを公表することができるだろうというものだった。そして、それは上手くいった。『ソーシャル・テキスト』はそのとき「査読」をおこなっておらず、誇大な表現を未然に防いだであろう別の科学者に、編集者は一度も論文を送らなかった。皮肉なことに、彼らは「サイエンス・ウォーズ」を特集した号にそれを掲載した(11)。

ソーカルは自身の論文を次のように説明している。

デリダと一般相対性、ラカンとトポロジー、イリガライと量子重力［という］ごたまぜ――「非線形性」、「流動」、「相互接続性」のあいまいな参照によってこれらは結びつけられている。最終的に、わたしは「ポストモダン科学」が客観的な現実という概念を破棄するという断定へと（ふたたび議論抜きで）飛躍する。これらすべてのどこにも、思考の論理的な流れのようなものはない。大家の引用、言葉遊び、こじつけのアナロジー、素朴な断定を見出すだけである[12]。

次いでソーカルは彼が仕組んだことのまったくの滑稽さを指摘する（あたかもこの点が見逃されているかのように）。

第二段落でわたしは、ほんのわずかなエビデンスや議論もなしに、「物理的な「現実」……は基本的に社会的かつ言語的構築物である」と断言する。いいだろうか、物理的現実についてのわたしたちの理論ではなく、現実それ自体が、である。けっこう。物理法則は単なる社会的慣習に過ぎないと信じ

（10） 客観性というわたしたちの伝統的概念を疑問視し、しかし科学の卓越性は擁護する、精妙な哲学的見解を読みたければ以下を参照。Helen Longino, *Science as Social Knowledge: Values and Objectivity in Scientific Inquiry* (Princeton, NJ: Princeton University Press, 1990).

（11） Alan Sokal, "Transgressing the Boundaries: Toward a Transformative Hermeneutics of Quantum Gravity," *Social Text*, 46-47, spring-summer 1996, pp. 217-252, http://www.physics.nyu.edu/sokal/transgress_v2_noafterword.pdf.

（12） Alan Sokal, "A Physicist Experiments with Cultural Studies," *Lingua Franca* (May-June 1996), http://www.physics.hyu.edu/faculty/sokal/lingua-franca_v4/lingua-franca_v4html.

る者は誰でも、わたしの居室の窓からそうした慣習を侵犯してみるよう招待しよう（わたしは二一階に住んでいる）。[13]

やり方は風刺的だが、その動機は真剣なものだったと彼は続ける。ソーカルは、グロスとレヴィットがその本に書き記したような「観念の戯れ」に怒っていただけでなく、こうしたことがリベラリズムに悪名を与えているので政治的にも無責任だということにも怒りを抱いていた。[14]数世紀にわたって伝統的に、リベラルは科学と理性の側にあって、神秘化と反啓蒙主義に抗していたと彼は指摘する。しかし今日、アカデミックな人文学はエビデンスにもとづく思考の根本を攻撃することで、貧しく権力をもたない者にとって世界をよりよい場所にしようという、彼ら自身の政治的努力を切り崩しているよう彼には感じられた。

「現実の社会的構築」を理論化することは、エイズの効果的な治療を発見することや、地球温暖化を食い止める手立てを考案する助けにはならない。わたしたちが真理と虚偽という概念を破棄するなら、歴史、社会学、経済学、政治学における誤った考えと戦うこともできないだろう。[15]

ひとたびソーカルのでっちあげが明らかになると、その副産物はたいへんなものとなった。『ソーシャル・テキスト』の編集者たちの不誠実さを責める声があがったが、非難は否定できなかった。多くの者はこれを、ポストモダニズム思想が不真面目で知的に破綻している証拠とみなした。科学者たちは実験室へと帰っていった。

だがそのとき奇妙なことがおこった。ひとたびある考えが世に出ると、それを取り消すことはできないのだから。〔ソーカル事件は〕ポストモダニズムにとってはやっかいなことだったが、それは彼らの考え方を広く知らしめ、これがなければ知りもしなかった者がその思想を利用できるようにもした。そしてそうしたゴシップ好きは右派にもいた。

ポストモダン右翼

「サイエンス・ウォーズ」の大惨事はひとつの疑問へとつながる。ポストモダニズムは科学を攻撃することを望む者なら、誰でも使用できるのだろうか？　この道具は（きっと世界中の文学批評とカルチュ

（13）Ibid.

（14）これを評して、マイケル・ベルベは次のように書いている。「〔ソーカルは〕――そして彼だけでなく――ポストモダニズムと〔その〕理論は左派にとって悪しきものであり、アカデミック左翼は進歩的政治の基盤を積極的に切り崩していると信じていた」。Michael Berube, "The Science Wars Redux," *Democracy Journal* (winter 2011): 70.

（15）Sokal, "A Physicist Experiments with Cultural Studies."

ラル・スタディーズの分野において学部の大多数を構成している）リベラルのためだけに機能するのか、それとも別の人々のためにもなるのか？　続いて起こったことがこの疑問への答えだと主張する者もいる。つまりそのとき、（進化論のような）ある科学的主張に不満がある右翼論客が、科学理論は優れたものだという考えを切り崩すのに必要な手段をポストモダニズムのうちに見出したのだ。このことは今日、真理、客観性、権力へ疑義を呈してあらゆる真理の主張が政治と関係すると主張する「ポストモダン右翼」のようなものは存在するのかというさらなる疑問へと当然つながる。左派によって発明された手法が、右派によって、科学だけでなくエビデンスにもとづくどんな論証をも攻撃するために利用されたというのであれば、それはもちろん皮肉なことだろう。だがこれが正しいのであれば、ポストトゥルースのもうひとつの根本原因を証明するのに十分ではないか。

　ポストモダニズムが右翼による科学の拒否を幇助しているという主張は、二〇一一年にジュディス・ワーナーの記事「事実無根科学《ファクトフリー》」によってなされた[16]。ここでワーナーは、公然の事実に異を唱えること、確証された確実性の背後にある神話と政治を解明することは、明らかに左翼の戦術マニュアルに由来すると述べる。しかし、地球温暖化を裏付ける科学を疑問視することが、「いまや威勢のいい保守的な支持層にはたらきかけたいと願う共和党員にとって必須の実践となっているように［…］、政治の時代精神が変化した」のである。彼女は「科学を攻撃することが急進的な右派にとってのスポーツになった」と結論する。彼らがポストモダニズムを用いたというエビデンスはどこにあるのだろう。ワーナーの文章にはポストモダニストたち自身からの驚くような引用がいくつか含まれており、彼らも自分たちが保守主義者に政治的保護を与えたという意見に当惑しているようである。

サイエンスライターのクリス・ムーニーにとって、この考えは十分なものではなかった。左翼的なポストモダニズムが右翼による〔科学の〕拒否を強化するのに用いられうるという考えに彼はいらだっていたのだ。ムーニーは、ワーナーの分析は「あまりに間違っており、〔議論を〕どうはじめればいいのかほとんどわからない」と書いている。

第一に、保守主義者が左翼学術界の難解な議論と言葉遊びに強く影響されたという考えは馬鹿げている。一九七〇年代に動きだすにあたって、保守主義者が学術界の外に自分たち自身の「専門知」のエコーチェンバーを作り出すために、イデオロギー的なシンクタンク——いま気候変動に反対する多くのシンクタンクを含んでいる——の大部隊を生み出したことを思い出すのではないだろうか？　彼らにとって、一九九〇年代のポストモダニズムは不毛で使えない学問の典型例だったろう。しかし、このことはそれでもワーナーの考え方の最大の難点ではない。最大の難点は、ポストモダンという言葉

（16）Judith Warner, "Fact-Free Science," *New York Times Magazine*, Feb. 25, 2011, http://www.nytimes.com/2011/02/27/magazine/27FOB-WWLN-t.html.

がどれほど意味深長なものであったとしても、気候変動否定論者はポストモダンには見えないし、そのように振る舞ってもいないし、あるいはそのようなものには思えないということだ[17]。

次に彼は、多くの科学否定論者が、実際は真理を信じていると――たいしたエビデンスなしに――推論し、そのうえ嘲笑という手段を取る。

科学が「真理」の具現化したものだという考えについて、気候〔変動〕否定論者はそれを大して考えもせずに肯定する。彼らは自分たちが正しく、気候変動についての科学的コンセンサスが誤っていると考えている――客観的に。彼らはそこで、科学が真理に到達する最良の方法かどうかを問うているわけではない。そうではなく、彼らはそこで、あたかも彼らの科学者は真理を知っているかのように語っているのである。アメリカ上院議員ジェームズ・インホフがデリダやフーコーを引用しているのを想像できるだろうか？　そんな考えは馬鹿げている[18]。

このようなムーニーの意見に対して、わたしは「五年前ならそうだろう」という仕方で応答せざるを得ない。二〇一一年から物事は変わってしまったが、わたしはそれでもワーナーが正しいという証拠もあり、ムーニーがそれを見逃してしまったと考える。

二章における科学的なものの否定についての初期段階の調査に見たように、トランプの手先やその支持者がポストモダニストに影響されるからにはそうした文献を読んでいなければならなかったという考えは、どのようにして疑いが「造られるのか」という問いを前にすると消え去ってしまう。最初の仕事の大多数が特定のイデオロギーをもつシンクタンクによってなされたという点で、ムーニーは正しい。政府高官やロビイストに影響を与えるようになるまでは、それだけが論点だった。だが、科学を否定するひとつの戦場で発明された戦術は、しばしば次も用いられると理解することも重要なことだ。わたしたちはすでに、オレスケスとコンウェイの指摘によって、今でも「タバコ戦略」が成功裏に用いられていることを知っている。この戦略は、煙草と癌をめぐるいざこざにおいて互いの主張が手詰まりになるまで戦うことによって「勝利を収める」というものであった。「科学と戦う」、「真理は不確かだ」と主張する計画は、酸性雨、オゾンホール、それらに続く他の多くの事柄をめぐる争いに使われてもいる。そして、歴史の流れも思い出す必要がある。気候変動の直前の戦いはなにについてだったか？　地球温暖化を疑う懐疑論者はその武器の多くをなにから得たか？　進化論だ。

創造説が「インテリジェント・デザイン説」（ＩＤ）[5]へと姿を変え、公教育の生物学クラスで、進化

（17）　Chris Mooney, "Once and For All: Climate Denial Is Not Postmodern," *Desmog*, Feb. 28, 2011, https://www.desmogblog.com/once-and-all-climate-denial-not-postmodern.

（18）　Ibid.

論に反対するＩＤ説についての「議論を教える」ための数々の戦いをはじめたとき、ポストモダンの思想がこの論争に重要な影響を与えたことについては、ほとんど疑いはない。なぜそのことがわかるか？なぜなら、ＩＤ説の創設者のひとり、フィリップ・ジョンソン――ムーニーが言及するシンクタンクのひとつを創設するのを手伝った――がそう述べているからだ。

先駆的な学術論文において、科学哲学者ロバート・ペンノックは次のように説得的に論じている。「ポストモダニズムの議論は［…］ＩＤ創造説運動に深く細かい根を生やしている。このことはこの説に関わる重要人物の著作とインタビューに明示されている(19)」。それどころか、彼は「ＩＤ創造説はキリスト教原理主義とポストモダニズムの私生児だ」という挑発的な主張をおこなう。そうするにあたって彼は、ＩＤ運動の名付け親であるジョンソンの声明を証拠として付している。

ペンノックは、ワシントン州シアトルにあるディスカバリー・インスティチュートの創立と、その「富裕な右翼の政治的支援者」への負債にまつわる、とても興味深い話を語っている。今日に至るまで「ディスカバリー・インスティチュートはポストモダンの馬にむちを打ちつづけている」と彼は言う。この馬はいつ作り出されたのだろうか。彼によれば、これはほとんど一手にジョンソンの影響によるという。ジョンソンの著作にポストモダニズムの影響を見ることは些細な問題ではない。彼は明らかにポストモダニズムを奉じている。ジョンソンの著作だけでなくそのインタビューを考察することによって、ペンノックは、議論の余地がないように思われる次のような発言を発見した。

キリスト教の視点からの大きな問題は、進化論をめぐる論争全体が伝統的に聖書対科学の問題として言い表されてきたということであり、そうなると問題は、どのように聖書を擁護するかということになります。〔…〕現在、こうしたやり方でこの論争に取りかかるときの問題点は、わたしたちの文化においては、科学がなにか客観的な事実発見の手続きだと了解されていることにあります。そして、もし聖書対科学を論じようとするならば、客観的に定まった知識や実験に反する盲目的な信仰に賛成しているとみなされるでしょう[20]。

いわば、わたしの計画は、彼らの哲学的な防壁を脱構築（deconstruct）することです。〔…〕わたしは哲学的な体系を相対化しているのです[21]。

わたしはまさに彼らと同じようにポストモダニストで脱構築主義者なのだと彼らに話しました。けれ

（19） Robert Pennock, "The Postmodern Sin of Intelligent Design Creationism, *Science and Education* 19（2010）: 757-778, https://msu.edu/~pennock5/research/papers/Pennock_PostmodernSinID.pdf.

（20） J. Lawrence, interview with Phillip E. Johnson, *Communique: A Quarterly Journal*（Spring 1999）, http://www.arn.org/docs/johnson/commsp99.htm.

（21） G. Silberman, "Phil Johnson's Little Hobby," *Boalt Hall Cross-Examiner* 6, no. 2（1993）: 4.

ども、標的としているものは少しだけ異なります[22]。

また別のインタビューで、ジョンソンは科学的知識の社会学における「ストロング・プログラム」にことさらに訴えかける。ペンノックが指摘するには、それはポストモダニズムとまったく同じではないが、概念的な親和性を有している。ジョンソンは、彼がこの文献を読んだだけでなく、進化科学の「客観的」主張に対してＩＤ説を擁護するためにそれを使おうとしていることも明らかにする。ジョンソンは次のように述べている。「奇妙なことに、知識社会学の方法はまだダーウィニズムには適用されていません。これこそ、著作でわたしがしていることなのです[23]」。

ペンノックの論文は、ジョンソンが、自然選択による進化という公然たる知的権威を切り崩し、ＩＤ説をもうひとつの選択肢として擁護するためにポストモダニズムの方法を用いるという意欲を吐露している事例を数多くの参照している。ペンノックはジョンソンの戦略のポイントを次のように説明する。

科学が現実と関係すると考えてはならない。例えば、進化論はただの空想上の物語に過ぎない。それはたまたま科学者集団によって語られているだけである。徹底したポストモダンの観点では、科学は実験的事実の事柄についてでさえ、世界についての他のどんな観点に対して特権をもたない。あらゆる集団は、自らの信念にかなう出発点として、自分たちの物語を採用するのだから。ＩＤ創造論者はその最初の前提として、神による創造と人間への意志を採用するという点で、同じように正当化される。[24]

ポストモダンの思想がＩＤ説に影響したことはこの上なく明白である。また、気候変動否定論者が後にとるであろう戦い方についての青写真をＩＤ説がもたらしたことも疑いようがない。既存の科学を攻撃すること、自分たちの陣営の専門家を見つけて資金を提供すること、問題が「論争のさなかにある」という見解を押し出すこと、メディアとロビイングを通じて自分たちの側を周知すること、そして大衆の反応を注視すること、これがその戦略だ。[25] 右派の政治家や他の科学否定論者がデリダとフーコーを読んでいなかったとしても、その思想の根源にあるものが彼らの道を作った。結果として、科学は真理を独占していないという見解が成立する。したがって、右翼の保守的なイデオロギーとぶつかる科学的主張の真理を攻撃するために、彼らがポストモダニズムと同じ議論と手法を用いていると考えることは不

(22) P. Johnson, "Open Letter to John W. Burgeson." ペンノックはこれを「インターネットに公開されている」として引用しているが、そのあと取り下げられたようだ。引用は以下から。Pennock, "The Postmodern Sin," 759.
(23) N. Pearcey, "Anti-Darwinism Comes to the University: An Interview with Phillip Johnson," *Bible Science Newsletter* 28, no. 6 (1990): 11.
(24) Pennock, "The Postmodern Sin," 762.
(25) インテリジェント・デザイン説をめぐる戦いがいかに気候変動をめぐるものに影響したかについての議論は、以下のわたしの著作を参照。*Respecting Truth: Willful Ignorance in the Internet Age* (New York: Routledge, 2015), 56-80.

合理ではない。
これについて、なにか証拠はあるだろうか？　ここでわたしたちはポストモダニストたちの「悔恨（mea culpas）」へと目を向けるべきである。ポストモダンの思想家たちは、自分たちの考えが右翼の目的のために用いられているのを目にしてひどく悩んでいる[26]。社会構築主義の創設者のひとりであるブリュノ・ラトゥールは、二〇〇四年のエッセイ「批判はなぜ力を失ったのか」において、『ニューヨーク・タイムズ』の社説の次のような一節を目にしたとき、心配になったと述べている。

多くの科学者は、〔地球〕温暖化は主として厳格な規制を必要とする人為的な汚染物質によって引き起こされていると信じている。ルンツ氏〔共和党戦略家〕が、「科学的な議論はわたしたちの立場に反対し、それを拒絶している」と言うとき、彼は同様に〔地球温暖化を〕認めているように思われる。しかし、彼の助言はエビデンスが完璧でないと強調する。彼は次のように記している。「科学的な争点が解決したと大衆が信じるようになったら、地球温暖化についての彼らの見方も変化してしまう。だから、科学的な確実さの欠如を根本問題にし続ける必要がある[27]」。

これに対するラトゥールの反応は、自分の売った武器が罪なき者を殺すのに使われたと知った武器商人のものに等しい。

なぜわたしが悩んでいるかわかるだろうか？　わたし自身は、事実の構築に内在する「科学的な確実さの欠如」を示そうと過去いくらかの時間を費やしてきた。わたしもそれを「根本問題」とした。しかし、わたしは決着済みの議論の確実さをあいまいにすることで、大衆をかつぐことを必ずしも意図していたわけではない――ひょっとしたら、そうしていたのだろうか？　ともあれ、わたしはまさにこの罪によって糾弾されてきた。だがそれとは逆に、今なおわたしは信じていたいのだが、早まって自然で客観的なものとされた事実から大衆を解放しようとしたのだ。わたしは愚かな間違いをしたのか？　物事はこんなに速く変わってしまったのか？[28]

なお悪いことに、武器工場はいまだに稼働している。

博士課程プログラムのすべてはいまだに、善良なアメリカの子どもたちが必ず次のようなことを苦労

(26) このうちいくつかはワーナーによって二〇一一年の著作で引用されている。ムーニーはそれらを見逃しているようだ。
(27) http://www.nytimes.com/2003/03/15/opinion/environmental-word-games.html.
(28) Bruno Latour, "Why Has Critique Run Out of Steam? From Matters of Fact to Matters of Concern," *Critical Inquiry* 30 (winter 2004): 225-248, http://www.unc.edu/clct/LatourCritique.pdf.〔ブリュノ・ラトゥール「批判はなぜ力を失ったのか」伊藤嘉高訳、『エクリヲ』12号、二〇二〇年、一九八‐二二九頁〕

して学ぶべく運営されている。それは、事実は作り上げられるものだということ、自然で無媒介でバイアスのかかっていない真理へのアクセスなどは存在しないということ、わたしたちはつねに言語の囚人であるということ、わたしたちはつねに特定の視点から語っているということなどである。だが他方で、危険な急進主義者たちは、社会構築〔主義〕のまったく同じ議論を用いて、困難な仕方でやっと獲得された、わたしたちの生命を守ることができるエビデンスを破壊しようとしている。サイエンス・スタディーズとして知られるこうした領域を創設したことに参加したわたしは間違っていたのだろうか？　わたしたちは自分が述べたことを本当は意図していなかったのだと言うだけで十分なのだろうか？　好むと好まざるとにかかわらず地球温暖化は事実であると言うことが、なぜわたしの舌を焼くことになるのか？　なぜわたしは、議論はもうこれっきりでおしまいだと単純に言うことができないのだろうか？(29)

学術界において、これ以上に血の通った後悔の表現は見つからない。そして、右翼の科学拒否の戦略に付着した自身の指紋に気づいた唯一のポストモダン思想家はラトゥールだけではない。人文学者で文学批評家のマイケル・ベルベ〔6〕は二〇一一年に次のように述べている。

現在、気候変動否定論者と若い地球創造論者〔7〕は、わたしが予想したとおり、自然科学者をターゲットにしている――彼らは、左派大学人が自分たちの同類に語るために発展させた議論そのものを用いている。標準的な左派の議論は、「専門家」や「プロ」、自分たちがボスだと考える威張りくさったお偉方に対する左派ポピュリストの不信と結びついて、右派によって、科学的研究を無効にする強力な装置へと作り上げられた。(30)

実に、ベルベは大いに恥じ入り、著作の最後になっても、交渉を続けたいと思っているようである。

サイエンス・スタディーズがおそろしく道を誤り、ひどく無知で／または反動的な人々をたきつけるという可能性について、あなた方が正しかったと認めよう。そして逆に、カルチャー・ウォーズについて、自然科学が右翼のノイズ発生装置から無傷でいられないということについて、わたしが正しかったとあなた方は認めるだろう。あなた方がさらに踏み込んで、実際の科学に関する慎重で情報の行き届いた批判には（戦後の妊娠と出産の医療化には弊害があるという批判のように）利点もあるということを認めるならば、わたしもさらに踏み込んで、多くの人文学者の科学と理性への批判は慎重でも

（29） Ibid.

（30） Michael Berube, "The Science Wars Redux," *Democracy Journal* (winter 2011): 64-74, http://democracyjournal.org/magazine/19/the-science-wars-redux/.

行き届いたものでもないことを認めよう。そうすればもしかしたらわたしたちは、安全で持続可能なエネルギーや、地球を居住可能に保つ他の社会実践をどのように開発するかという仕事に取りかかれるかもしれない(31)。

この左派的な立場からの自己反省は、ポストトゥルースがいまやポストモダニズムの足元に据えられようとしているのを危惧する人々からは完全に無視されているが、科学の拒否から末期的な現実の拒否への道筋自体は否定できないように思われる。ポストモダニズムをポストトゥルース的政治に適用すれば、どのようなことになるだろうか。それはわたしたちが現在暮らしているこの世界にかなり似てくる。

本当に事実は存在せずただ解釈があるだけなら、そして数百万のアメリカ人があなたのものの見方を受け入れる用意ができているなら、どうしてそのとき、フィクションと事実を分ける厳格な線引きに固執して頭を悩ませるのか？　もし気候変動は起こっていないというエビデンスとして寒波の時期を解釈するなら、そして数百万の人々があなたの観点に賛成するなら、そのとき、気候変動はでっちあげとなる。あなたの個人的な経験が就任式典での記録的な数の群衆を認めるなら、そのとき、それだけの群衆が存在したのだ――別の仕方で〔人数を〕証明する航空写真は、単に別の観点を描き出しているにすぎない(32)。

ケリーアン・コンウェイがショーン・スパイサーによる「オルタナティヴ・ファクト」の使用を擁護するのとほとんど同じものをここに聞き取ることができる。

ポストモダニズムを動機づけた本来の政治的見解はまったくの不発に終わったのではないだろうか。この思想は貧しく弱い人々を権力者による搾取から守ろうとしていたのに。今日気候変動によってもっとも苦しむのは、貧しく弱い人々である。ソーカルの予言は実現しようとしている。それというのも、左派が事実を用いることなしにどのように右派イデオロギーに抵抗するというのか？　これは、なんの重要性ももたないかのように観念をもてあそんだ代償である。学術界のなかで真実を攻撃することは楽しい遊びだが、その戦術が科学否定論者や陰謀論者、あるいは自身の直感はどんなエビデンスよりも優れていると主張する感受性豊かな政治家の手へと流出したとき、なにが起こるのか[33]？

（31）Ibid.

（32）Conor Lynch, "Trump's War on Environment and Science Are Rooted in His Post-Truth Politics," http://www.salon.com/2017/04/01/trumps-war-on-environment-and-science-are-rooted-in-his-post-truth-politics-and-maybe-in-postmodern-philosophy/.

（33）「批判はなぜ力を失ったのか」においてラトゥールは次のように記している。「もちろん陰謀論はわたしたちの議論の馬鹿げたデフォルメだが、あいまいな国境を通って好ましくない集団へと密輸された武器のように、それにもかかわらずそれはわたしたちの武器なのだ。あらゆるデフォルメにもかかわらず、わたしたちの商標がいまなお鋼鉄に焼きつけられており、それを認めるのは容易である」（二三〇）。

それで、どちらだろうか？　左派は真実を信じているのか否か？　忠誠心が引き裂かれていると感じる者もいるだろう。彼らはいまや自分たちが、敵に助力するか、真理はあるという意見を擁護するかという居心地の悪い位置にいることに気づいている。だが疑問は残る。つまり、ポストモダニズムが、右翼による科学の拒否から、ポストトゥルースという現実を捻じ曲げる完全なる懐疑主義へと飛躍したことは、確かなことなのだろうか？　トランプが就任して以来、この疑問が明るみに出された[34]。主流メディアには現在この問題を真剣に取り上げている一握りの記事が見られるが[35]、ケリーアン・コンウェイがデリダを読んでいることがわかるまですべては憶測に過ぎないという考えに、いまだにこだわっている者もいる[36]。また、ポストトゥルースは考えられているよりはるか以前から存在しているのだから、ポストモダニズムとポストトゥルースを原因と結果とみなすのはおかしなことだが、ポストモダニズムは、ポストトゥルースの原因ではないにせよ、それについて語るための語彙を与えてくれるという点で実際きわめて有用であると主張する者もいる[37]。

だがある哲学者は、因果関係を徹底的に導き出そうとしている。二〇一七年二月一二日、『ガーディアン』紙上のインタビューにおいて、ダニエル・デネットはポストトゥルースの責任はポストモダニズムにあると明言している。

哲学は、この点［事実と真理の問題］を扱うことにおいては、栄誉で身を飾ってなどいない。おそらく人々はいま、結局のところ哲学者がまったくの無害な存在ではないと気づきはじめている。ときとして、ものの見方というものは、ほんとうに実現するかもしれない恐ろしい結果を引き起こす。わたしはポストモダニストがしたことは実に邪悪だと思う。真理と事実に冷笑的になることが立派だとし

（34） わたしは著作において、ポストモダニズムが科学の拒否の起源のひとつかどうかという問題を提起した。*Respecting Truth*, pp. 104-107; "The Attack on Truth," *Chronicle of Higher Education*, June 8, 2015, http://www.chronicle.com/article/The-Attack-on-Truth/230631。本書の二章で論じたように、わたしは科学の拒否がポストトゥルースの先駆者だと考えている。これらふたつの潮流がひとつになるとき、ポストモダニズムもポストトゥルースの起源のひとつとなる。

（35） コナー・リンチによる先ほど引用した記事を参照。"Trump's War on Environment and Science Are Rooted in His Post-Truth Politics." また以下も参照。Andrew Calcutt, "The Truth about Post-Truth Politics," *Newsweek*, Nov. 21, 2016, http://www.newsweek.com/truth-post-truth-politics-donald-trump-liberals-tony-blair-523198; Andrew Jones, "Want to Better Understand 'Post-Truth' Politics? Then Study Postmodernism," *Huffington Post*, Nov. 11, 2016, http://www.huffingtonpost.co.uk/andrew-jones/want-to-better-understand_b_13079632.html. いくつかの興味深いブログ記事について以下を参照。"Donald Trump and the Triumph of Right-Wing Postmodernism," *Stewedrabbit* (blog), Dec. 12, 2016, http://stewedrabbit.blogspot.com/2016/12/donald-trump-and-triumph-of-right-wing.html, and Charles Kurzman, "Rightwing Postmodernists," Nov. 30, 2014, http://kurzman.unc.edu/rightwing-postmodernists/.

（36） Truman Chen, "Is Postmodernism to Blame for Post-Truth?" *Philosophytalk* (blog), Feb. 17, 2017, https://www.philosophytalk.org/blog/postmodernism-blame-post-truth.

（37） Ibid.

た知的流行に対して、彼らは責任がある。あなたたちは人々に次のように言わせている。「へえ、あなたはいまだに事実を信じている方々の側にいるんですね」と。(38)

これ以上に直接的な証言はあるだろうか？　ポストモダニズムがＩＤ説のルーツにあることを示すために、ロジャー・ペンノックがしたこと以上のものがあるだろうか。実はある。

トランプ支持のトロール（ネット工作者）

オルタナティヴ・メディアの重要性を認めることなしに、ポストトゥルース（あるいはトランプ）の興隆を理解することはできない。「ブライトバート」、「インフォウォーズ」、およびあらゆるオルタナ右翼のメディアなしには、トランプが彼のメッセージをもっとも信じやすい人々に言葉を届けることはできなかっただろう。ここで重要なのは――五章で見たように――、いまやニュースが断片化していることである。人々はたったひとつ、あるいはいくつかの少数の情報源から「真実」を学ぶようにはもはや制限されていない。それどころか、「メディア」からのみ手に入れるようにも制限されていないのである。選挙期間中のトランプ支援の大部分は、オルタナ右翼のブロガーたちによる。そのもっとも影響力あるひとりにマイク・セルノヴィッチがいた。

マイク・セルノヴィッチは、トランプ支持者、「アメリカ国粋主義者」、二五万人の Twitter フォロワーをもった陰謀論愛好ブロガーである。[39] だがただのブロガーではない。彼は二〇一六年の大統領選挙への影響の強さから、『ニューヨーカー』と『ワシントン・ポスト』でどのような人物なのか紹介され、CBSのアンカーマン、スコット・ペリーにインタビューされた。セルノヴィッチのことを「フェイクニュース」を安定供給する常連投稿者にすぎないと片付けてしまう者もいる。[40] 彼は、ヒラリー・クリントンが死にかけていることを意味する、#HillarysHealthというハッシュタグのツイートを打ち出した人物なのである。[41] ビルとヒラリーのクリントン夫妻がワシントンDCのピザレストランで児童性奴隷組

---

(38) Carole Cadwalladr, "Daniel Dennett: 'I Begrudge Every Hour I Have to Spend Worrying about Politics,'" *Guardian*, Feb. 12, 2017, https://www.theguardian.com/science/2017/feb/12/daniel-dennett-politics-bacteria-bach-back-dawkins-trump-interview.

(39) 彼は自身を「オルタナ右翼」の一員だとみなしていないが、セルノヴィッチがオルタナ右翼運動について論じるとき彼が「わたしたち」と言っているとあるジャーナリストが伝えている。Andrew Marantz, "Trolls for Trump: Meet Mike Cernovich, the Meme Mastermind of the Alt-Right," *New Yorker*, Oct. 31, 2016, http://www.newyorker.com/magazine/2016/10/31/trolls-for-trump.

(40) Maxwell Tani, "Some of Trump's Top Supporters Are Praising a Conspiracy Theorist Who Fueled 'Pizzagate' for His Reporting," *Business Insider*, April 4, 2017, http://www.businessinsider.com/mike-cernovich-kellyanne-conway-donald-trump-jr-2017-4.

(41) Gideon Resnick, "Trump's Son Says Mike 'Pizzagate' Cernovich Deserves a Pulitzer," *The Daily Beast*, April 4, 2017, http://www.thedailybeast.com/articles/2017/04/04/trump-s-son-says-mike-pizzagate-cernovich-deserves-a-pulitzer.html.

織を運営しているのだという、#pizzagate の話〔ピザゲート事件〕を覚えているだろうか？　そのレストランではもう少しで発砲事件が起こるところだった。セルノヴィッチはこの件を助長したうちのひとりである。(42) 彼はクリントンの選挙活動が悪魔崇拝のセックスカルトに関係しているという非難もしている。(43)『ニューヨーカー』のインタビューで、セルノヴィッチはいくつかの論争的な考えを話している。デートレイプは実際には存在しないとか、彼の最初の結婚は「フェミニズムによる洗脳」によって台無しにされたといったことである。(44)

そして、彼はトランプ政権に好意的に注目されるようになる。二〇一七年四月、ドナルド・トランプ・ジュニアは、セルノヴィッチは「ピューリッツァー賞」を獲るべきだというツイートをして彼を称賛した。次期のトランプ政権の幹部に関係する情報をスーザン・ライスが開示要求したという噂を広めたのがその理由である。〔8〕ケリーアン・コンウェイがスコット・ペリーによるセルノヴィッチのインタビューを知った際、彼女はツイッターのフォロワーにやり取りを見るか文字に起こしたもの全体を読むよう呼びかけ、〔9〕セルノヴィッチのサイトへと誘導した。セルノヴィッチの批判者のひとりは次のように述べている。「わたしは、こう考えています。コンウェイとトランプ・ジュニアは、セルノヴィッチがトランプのホワイトハウスについて多くのことを語るよう持ち上げており、彼らが自分たちを攻撃するものから目をそらす助けになるなら、いくらでも陰謀論者に訴えるだろう、と」(45)。

セルノヴィッチには明らかに大きな影響力がある。ならばポストモダニズムの問題はどうなるのか？

『ニューヨーカー』の記事において、次のようなちょっとした言及に出くわす。

議論のために、ウォルター・クロンカイトがあらゆることについて嘘をついていたと言ってみましょう。twitterができる以前、どうやって〔そのことを〕知ったでしょう? いいですか、わたしは大学でポストモダニズム理論を読みました。あらゆることが物語であるならば、そのときわたしたちは支配的な物語に対して別の物語が複数必要なのです。わたしがラカンを読むような男には見えませんか?(46)

(42) https://www.youtube.com/watch?v=4ZmljpEf4q4.

(43) Abby Ohlheiser and Ben Terris, "How Mike Cernovich's Influence Moved from the Internet Fringes to the White House," *Washington Post*, April 7, 2017, https://www.washingtonpost.com/news/the-intersect/wp/2017/04/07/how-mike-cernovichs-influence-moved-from-the-internet-fringes-to-the-white-house/?utm_term=.1f0eca43415c.

(44) デートレイプについてのセルノヴィッチの見解については以下を参照。Tani, "Some of Trump's Supporters." For his views on "feminist indoctrination": Marantz, "Trolls for Trump." また、マランツの記事によれば、「二〇〇三年、彼〔セルノヴィッチ〕は知り合いの女性をレイプしたとして告訴された。告訴はのちに取り下げられたが、裁判官は軽犯罪として彼にコミュニティー・サービスに参加するよう命じた」(4)。

(45) セルノヴィッチの批判者ヴィック・バージャー。Tani, "Some of Trump's Supporters."

(46) Marantz, "Trolls for Trump."

セルノヴィッチはラッダイトのように思われるかもしれないが、彼はじっさい非常によい教育を受けている。彼はペパーダイン大学で法学位を得ており、在学中〔大学での勉強に〕専念していたようだ。そして、彼は今となってはおなじみのことを指摘する。もし真理が存在せず、すべてがただものの見方に過ぎないならば、いったいわたしたちはどうやってなにかについて本当に知ることができるのだろうか？ なぜ主流のニュースを疑わないのか、陰謀論を受け入れないのか？ じっさい、ニュースがただ政治的な表現に過ぎないならば、なぜそれを作り出そうとしないのか？ 誰の事実が支配的であるべきか？ 誰の見方が正しいものなのか？

かくして、ポストモダニズムはポストトゥルースの創始者となるのである。

第七章　ポストトゥルースとの戦い

わたしたちはいまや、明白なことを繰り返し言うことがインテリの第一任務となるようなどん底に沈んでしまっている。〔1〕
——ジョージ・オーウェル

二〇一七年四月三日、『タイム』誌は「真理は死んだのか？」と問う特集号を刊行した。これは印象的な記事で、混乱期——一九六〇年代——に彼らが出版した、神について同じ質問をした別の号を想起させるものだった。一九六六年四月になるころには、ケネディ大統領が暗殺され、アメリカのヴェトナム戦争への参加は急激に拡大していき、国内の犯罪は増加し、アメリカ人は自分たちの制度への信頼を失いだす時代の始まりにいた。それはわたしたちが通ってきた道についての、国家的な反省の契機だった。『タイム』によるもっとも近年の反省の契機は、トランプ政権であった。

巻頭言において編集者のナンシー・ギブスは、「真実を玩具のようにあつかう大統領に直面するなかで」、真実の観念に対するわたしたちの責任について重要な問いを投げる。強烈な言葉だが、それは衝撃をともなう観察によって裏付けられている。

ドナルド・トランプにとって、恥知らずであることは彼の強みとなっているだけではなく、戦略にもなっている。〔…〕彼の就任式の群衆、不正選挙、ＮＡＴＯの資金、彼が盗聴されているという主張の真相がどうあれ、トランプは明らかに嘘とわかる実にたくさんのことを話している。だが、トランプを連続嘘つき犯として告発すると、より不穏な疑問を見逃してしまう恐れがある。つまり、彼は本当は何を信じているのだろうか？　もし彼が自分の話すことを信じているなら、それは嘘とみなされるだろうか？〔…〕嘘、偏向、思い込みの区別はどこにあるのか？　あるいは、彼の顧問であるケリーアン・コンウェイが印象的に示したように、事実とオルタナティヴ・ファクト、彼が聴衆に広めたい結論と手元のエビデンスによって確かめられる結論の区別はどこにあるのか？[1]

トランプの選挙活動中の声明の七〇％が「ポリティファクト」によって虚偽と判定され、選挙期間中の世論調査では、投票者の約三分の二が、トランプは信じるに値しないと言った。だがそれにもかかわらず彼は選挙に勝ったのだから、真理を脅かすことがあらゆる人間の行動にはるかに勝るものなのかと思わずにはいられない。[2]もしそうであるなら、『タイム』特集の問いは単なる誇張ではなく恐ろしく適切なものである。真理は死んだのだろうか?

本書を通じて、わたしたちはポストトゥルースのルーツを調査してきた。原因となるものを理解しなければ、ある問題について本当になにかをすることはできないという前提に立ってのことである。しかし、いまやわたしたちの問いも山場を迎えている。つまり、ポストトゥルースに関して何をなしうるだろうか。二〇〇八年、ファルハド・マンジューは(彼が二〇〇六年に書いた)『十分正しい　事実以後(Post-fact)の社会で生きることを身につける』という本を出版した。[3] 時代のはるか先の曲がり角を超えたところで国家の政治の次元で何が起こっていたのかということを、多かれ少なかれ理解していた誰かがいたことが驚きである。[4] マンジューの本はスマートフォンが発明される以前に書かれた。バラク・オバマ

---

(1) Nancy Gibbs, "When a President Can't Be Taken at His Word," *Time*, April 3, 2017, http://time.com/4710615/donald-trump-truth-falsehoods/.
(2) Ibid.
(3) Farhad Manjoo, *True Enough: Learning to Live in a Post-Fact Society*, Hoboken, NJ: Wiley, 2008.
(4) 二〇〇四年、ラルフ・キーズは社会問題としての嘘と詐欺を扱った『ポストトゥルースの時代　現代生活における不誠実と詐欺』(New York: St. Martin's, 2004)を刊行した。二〇〇五年、わたしは『真理を尊重する　インターネット時代の意図的な無視』(New York: Routledge, 2005)を刊行した。そこでわたしはますます党派的になっていく「科学との戦争」の、当時は名前のなかった「ポストトゥルース」戦術を非難した。しかし、わたしたちのどちらもマンジューのように国内政治への急展開を予期していなかった。

はアメリカのレーダー・スクリーンに影さえなかった。実際、マンジューが調査した目立った例は、二〇〇四年にジョン・ケリーがジョージ・W・ブッシュの対抗馬だったさい、彼に敵対して生まれた「真実を求めるスウィフト・ボート退役軍人」運動である。ここでは国家規模での認知バイアスの操作、メディアに対する「対抗言説」の提示に焦点があてられた。あとから考えると、これらの小さな点を二〇一六年に訪れるものと結びつけることは容易であるが、マンジューはメディアの細分化、情報バイアス、客観性の拒否、真実を知ることだけでなく真実の観念それ自体への脅威といった考えを予見していた。

マンジューはポストトゥルースと闘うために役立つものをなにか提供しているだろうか？　残念ながらそれほど多くはない。「真実なき社会で生きる」と題された後半の章があるにもかかわらず、わたしたちは信じるものを「賢く選ぶ」べきだと言う以上の実践的な助言を、彼はほとんど示していない。これほど先を見通した人物に、これから訪れるものと戦う道具を提供することまで求めるのはやりすぎかもしれない（わたしたちが聞いたとしても、それは起こっていなかったろうから）。ここでわたしは事態を前に進めることを試みよう。わたしたちは訪れつつあるものをこれ以上理解する必要はない。わたしたちはそのただなかで生きているのだ。いまやわたしたちはなぜポストトゥルースが起こったのかを少しは理解しているが、このことがそれとの戦いをどのように助けてくれるだろうか。マンジューの副題が問うように、わたしたちは事実以後の社会で生きることを身につけなければならないのだろうか。

わたし個人としてはそうしたくはない。わたしにとって重要なのは、事実が重要でない世界で生きるために順応する仕方を学ぶことではなく、真実〔真理〕の概念のために立ち上がり、反撃する仕方を学ぶことである。さてここに、わたしたちが折り合いを見つけるべき最初の実践的な助言の例をあげよう。それは、何人かの右翼退役軍人がジョン・ケリーの輝かしい戦績を毀損しようと話を作り上げていた「真実を求めるスウィフト・ボート退役軍人」運動を通じてケリーが身をもって学んだ残酷なものである。スウィフト・ボート退役軍人のうち、実際にヴェトナムでケリーと従軍していたのはジョージ・エリオットだけなのだが、エリオットはスウィフト・ボートの広告がテレビで流れ出してすぐ、うわさとなったケリーの戦時の臆病さについて自分がした話を公式に否定している。だが、もう遅すぎた。テキサスの大富豪や主張に共感するその他の人々から資金が注ぎ込まれていた。エリオットによる否定を宣伝した『ボストン・グローブ』の記者がケリーと〔ジョン・〕エドワーズの選挙活動を応援する本の序文を書くことを依頼されていたというフェイクニュースが流れ、エリオットの主張は無駄となった。ニュースは嘘だったが、そのことはほとんど問題とならなかった。人々は自身の立場を選んでしまっていた。しかしその一方で、ケリーは国内のテレビで非難されているまる二週間、それに対応してスウィフト・ボート退役軍人の主張の「栄誉を尊重」すると決めたが、これは致命的な失敗であった。彼はオハイオ州の選挙に数千票で負けた。ケリーはわたしたちがポストトゥルースの時代に入りつつあることを理解していなかった。(5)

ここでの教訓は、嘘に対してはつねに抵抗しなければならないということである。どんな主張も、

「信じるにはあまりにとっぴすぎる」とけっして決めてかかるべきではない。嘘は、誰かがその嘘を信じる見込みがあると話し手が考えるから話される。わたしたちは聞く人がそれを信じない程度の常識をそなえていることを望むが、わたしたちの動機づけられた推論に働きかけるよう調整された、党派的な小細工や情報源の細分化の時代では、もはやそうした前提に立つことはできない。嘘に異を唱えるために重要なことは、嘘つきを説得しないことである。嘘つきは彼ないし彼女の暗い目的へとあまりにのめりこんでしまって、元には戻れないのだ。だが、すべての嘘には聴衆がいるのだから、聴衆のために善をなす時間はまだあるだろう。わたしたちが嘘つきに立ち向かわなければ、まだ無知から「故意の無知」へと至っていない人々が、兎の穴で末期的な否定論へとさらに転がり落ちるだけではないのか？　そこで彼らは事実や理性にもはや耳を貸すことはないだろう。わたしたちからの「対抗言説」があってはじめて、彼らが嘘つきの言うことを疑う理由が出てくるのではないだろうか？　最低でも、嘘をそれが嘘だと証言し、嘘とあるがままのものを引き比べることが重要である。ポストトゥルースの時代において、わたしたちは事実問題をあいまいにする個々の試みすべてに異を唱え、嘘が腐敗し悪化する前にそれに挑まなければならない。

　反対側の声が大きいものであったとしても、事実を押さえているというのは強力なことである。党派的な口先ばかりでやかましい「懐疑主義」の時代においてさえ、現実の事実は最後には肯定されうるということだ。二〇一五年に一四の州ではしかが発生すると、メディアはワクチンと自閉症についての

「両側面の話」を伝えるのをやめた。ウェイクフィールドの詐欺の事実はよりよい広告を生み出した。もう少しでテレビ番組のホストが、かつて自分も共犯関係にあったのではと心配する様子が見られただろう。専門家と懐疑論者の両面分割のテレビ討論番組は一夜にしてなくなった。人々が傷つきはじめると、偽の等価性はもはやいい考えのようには思われなくなった。

同じことがいま、例えば気候変動といった他のトピックに起こりうるだろうか？ すでにある程度は起こっている。二〇一四年七月現在、ＢＢＣは気候変動否定論者に他の論者と等しい放送時間をあてるのをやめた。(6) 『ハフィントン・ポスト』も二〇一二年四月に同様の決定をしている。創設者のアリアナ・ハフィントンは次のように述べている。

すべての話題、とくに論争的な問題において、わたしたちはあらゆる場所で見出しうるもっとも説得的な議論を考慮するよう努め、精妙さとわかりやすさの両方を伝えようとしている。わたしたちの目的は、わたしたちが報道対象とする人々を喜ばせることや見かけの均衡をもたらす話を作ることではなく、真実を追求することである。[…] 論争におけるエビデンスの釣り合いが一方に大きく傾いて

(5) Manjoo, *True Enough*, 56–58.
(6) Lindsay Abrams, "BBC Staff Ordered to Stop Giving Equal Airtime to Climate Deniers," *Salon*, July 6, 2014, http://www.salon.com/2014/07/06/bbc_staff_ordered_to_stop_giving_equal_air_time_to_climate_deniers/.

いるなら、報道でそれを認める。わたしたちは読者に、すべての意見が考慮され公平に示されているという信頼を与えようと懸命に努めている。[7]

だが、これがなんの役に立つのだろうか？　わたしたちがほんとうにポストトゥルースの時代に生きているのなら、メディアによるポリシーの変更が重要なことなのかどうかははっきりしない。気候変動のような事柄へのわたしたちの信念が認知バイアスや政治的イデオロギーによってあらかじめ決められているのなら、どのようにしてわたしたちは自分たちの世界観から脱け出すのだろうか。一例をあげると、それはチャンネルを変えるだけのことにならないだろうか？　真実を耳にしたとしても、それを拒否してしまうのではないか？

　だがそれは事実問題としてノーだ。つねにそうなるとは限らないけれど。動機づけられた推論、確証バイアス、あるいは本書で話してきたその他の影響の力は強固だが、実験によって正しい事実の繰り返しが最終的に有効だと証明されていることを覚えているだろうか。ここでは、三章で簡潔に論じたデイヴィッド・レッドロースクらの研究を思い出してみよう。[8] 論文の副題で、彼らは次のような妥当な問いを提起している。「動機づけられた推論をおこなう人はいつか情動の転換点にたどりつくだろうか？」。党派的なバイアスにとらわれている人々が自身の信念と調和しないエビデンスを拒否するよう強く動機づけられており、ときに「バックファイアー効果」にさえつながることを示す、ナイハン、レイフラーなどの人々の業績を彼らは認めている。だが、このことに限度はないのだろうか？　レッドロースクらは該当論文で以下のように述べている。

> 有権者が無限にこうする〔事実を拒否する〕ことはありえないよう思われる。そうだとすると、明らかに自分の信念に反する情報に対してさえ、動機づけられた推論が持続すると示唆されるだろう。この研究においてわたしたちは、動機づけられた推論の展開が、自身の期待と一致しない情報と接触しつづけることだけで抑えられるかどうかを考察している。抑えられるのであれば、有権者は自身の評価をより正確な仕方で最新のものへと変える転換点に到達するにちがいない。(9)

発見されたのは、まさしくこのことだ。レッドロースクと同僚たちは、「情動の転換点が実際に存在する」という実験上の証拠を発見した。このことは「はじめのうちは動機づけられた推論をおこなうとし

（7）Justin Ellis, "Why the Huffington Post Doesn't Equivocate on Issues like Global Warming," *NiemanLab*, April 16, 2012, http://www.niemanlab.org/2012/04/why-the-huffington-post-doesnt-equivocate-on-issues-like-global-warming/.

（8）David Redlawsk et al., "The Affective Tipping Point: Do Motivated Reasoners Ever 'Get It'?," http://rci.rutgers.edu/~redlawsk/papers/A%20Tipping%20Point%20Final%20Version.pdf.

（9）Ibid.

でも、結局のところ有権者は信念に反する情報の影響を免れない」ということを示している。[10] ジェームズ・ククリンスキーと同僚らは別の研究において、誤った情報がきわめて強固でありうるとしても、事実として正しい情報で繰り返し「つよい印象を与える」ことで、党派的で偏った考えを変化させることができると気がついた。[11] 不都合な事実によって人々を説得することは簡単ではないかもしれない。しかしどうやら可能なようだ。

そして、これはもっともなことではないか？　わたしたちはみな、現実を否定して死を迎えてしまった「ダーウィン賞」〔2〕受賞者たちのことを聞いたことがある。どれほど進化しても、わたしたちがいつまでも真実に抵抗できるようになるという結果にはならないのだ。結局、重要な場合には、わたしたちは事実ではなくイデオロギー的な信念を拒否することで、認知の不協和を解消することができる。実際、実験室だけでなく現実世界でも同様にこのことが起こるという好例がある。

フロリダ州の街コーラルゲーブルズは、海抜九フィート〔約二・七四m〕に位置している。科学者たちは数十年以内にこの街が水没すると予測している。新たな市長である共和党のジェームズ・カーソンは、選挙で選ばれるとすぐ、気候変動とその南フロリダへの影響についてのレクチャーを受けた。そして彼は驚愕する。「わたしはあちこちで〔気候変動についての〕記事を読んできましたけどね、そのことが、わたしがリーダーになったこの街にどれほど影響があるだろうかということを理解していませんでした」[12]。それ以来、彼は警告の声をあげようとしてきたが、あまり運には恵まれなかった。

ある者は「わたしは信じていません」と言い、ある者は「なるほど、わたしにできることを教えて下さい、注意しておきます」と言います。別の者は「いま別の心配事があるんだ、あとで考えるよ」と言い、また別の者は「解決は孫にまかせることにしよう」と言います。[13]

カーソンは法的責任の問題を調べはじめている。さらに、国家規模で彼の仲間の共和党員が、手遅れになる前に地球温暖化を真剣に考えはじめることを期待して、彼は警鐘を鳴らしつづけている。二〇一六年の共和党のある大統領候補討論会の直前、彼は共和党での彼のパートナーであるマイアミ市長トーマス・レガルドとともに『マイアミ・ヘラルド』紙に署名入り記事を発表した。彼らは次のように述べている。

（10） Ibid.
（11） James Kuklinski et al., "Misinformation and the Currency of Democratic Citizenship," *Journal of Politics*, vol. 62, no. 3, August 2000, pp. 790–816, https://www.unc.edu/~fbaum/teaching/articles/JOP-2000-Kuklinski.pdf.
（12） Christopher Joyce, "Rising Sea Levels Made This Republican Mayor a Climate Change Believer," *NPR.org*, May 17, 2016, http://www.npr.org/2016/05/17/477014145/rising-seas-made-this-republican-mayor-a-climate-change-believer.
（13） Ibid.

誠実な共和党員として、わたしたちは政府によるやり過ぎで非合理的な規制に対して共和党が抱いている不信を共有している。しかし、わたしたちや南フロリダのほかの多くの公僕にとって、気候変動は党派的な論点ではない。それはわたしたちが対処しなければならない、迫りくる危機なのである――しかも直ちに。(14)

「シャーデンフロイデ（Schadenfreude）」〔3〕という言葉がまだ存在していない時代だったなら、まさにこのときに、進歩主義者がこの言葉を発明していたはずだ。わたしたちがみな同じ船に乗っていて――あるいは、すぐに乗ることになるので――、ひとりよがりな気分にふける暇などないという事実を除けばの話だが。あなたが事実を否定するつもりでも、事実には自らを主張する術がある。洪水が彼らの五〇〇万ドルの家に忍び寄るか、ビジネスが影響を受けたときならば、人々は話を聞くだろう。だが、そのあいだわたしたちはただ待たなければならないということになるのだろうか？　そうではない。批判的な思考や調査報告を支援することができる。嘘つきの名を叫ぶことができる。水位が上昇する前であっても、わたしたちは事実によって「人々を説得する」方法を考え出すことを試みたい。

とはいえ、この戦略は慎重に実行すべきものだ。心理学の研究は、不安や脅威を感じているとき、人はいっそう耳を貸そうとしなくなることも明らかにしている。ブレンダン・ナイハンとジェイソン・レイフラーによる最近の研究では、実験参加者には自己を肯定する課題が与えられ、そのあとで新たな情報が示された。自らをよい者と感じている人々ほど、自分の誤った認識を正す情報を受け入れやすいだろうという仮説が立てられた。研究者はこれについて弱い相関を発見したが、一貫した堅固なものではなかった。つまり、それはある話題ではあてはまったが、別の話題ではそうではなかった。同じ研究のもうひとつの発見は、より堅固なものだが、それは、図によって与えられた情報は文章よりも説得的だということであった。[15]では、わたしたちはここから何を引き出すべきだろうか？　あなたが説得しようとしている誤った知識をもった人々をどなりつけないことはおそらく有益だが、もっとも良いのは、彼ないし彼女に黙って図を見せることだ、ということでいいのだろうか。

事実の問題を脱政治化しようとすることは困難である。「反対側」がばかげているとか強情だと思えるときには特にそうだ。おそらく、同じ傾向がわたしたちのなかにも存在していると理解することが助けとなる。そしてここに教訓がある。ポストトゥルースに抵抗するもっとも肝心な方法は、わたしたち自身のうちにあるポストトゥルースと戦うことだ、というものだ。リベラルであれ保守であれ、わたしたちにはみな、ポストトゥルースをもたらしうるような認知バイアスの傾向がある。ポストトゥルース

(14) Erika Bolstad, "Florida Republicans Demand Climate Change Solutions," *Scientific American*, March 15, 2016, https://www.scientificamerican.com/article/florida-republicans-demand-climate-change-solutions/.

(15) Brendan Nyhan and Jason Reifler, "The Roles of Information Deficits and Identity Threat in the Prevalence of Misperceptions," Feb. 24, 2017, https://www.dartmouth.edu/~nyhan/opening-political-mind.pdf.

は他方からのみ現れるとか、その結果は誰か他人の問題だと考えるべきではない。他人が見ようとしない真実に気づくのは簡単である。だがわたしたちのどれほどが、わたしたち自身の信念に対して同じことをする心構えがあるだろうか？　わたしたちがすべての事実を知っているわけではないとわたしたちのなかの小さな部分がささやくことがあったとしても、わたしたちは自分自身が信じたいものを疑うことができるだろうか？

批判的な思考をするための障害は、確証バイアスの絶えまない流れにひたりつづけることにある。あなたがおもにひとつの情報源から情報を得ているなら――あるいは、ある特定のチャンネルから聞いたことに自分が感情的に反応していると気づいたなら――、それはひょっとしたら、あなたのニュースフィードを多様化させるときなのかもしれない。自身が「知っている」と思っていることの誤りをけっして検証しようとしなかった「2・4・6」実験の人々を覚えているだろうか？　わたしたちはそうしてはならない。フェイクニュースを取り込むべきだというわけではない。FOXとCNNのあいだに偽の等価性を設けるのを正当化したいわけでもない。むしろ言いたいのは、わたしたちはニュースの情報源を適切に精査する方法を身につけるべきであり、耳にするものが嘘であるとわたしたちが「知っている」とはどういうことかを自問すべきだ、ということである。嘘を知っているとわかるのは、それがわたしたちをいらだたせるからだろうか、あるいは――ベッドレー先生のクラスの小学五年生のように――わたしたちはマニュアルをもっているのだろうか？　とりわけ、わたしたちが信じたいものを聞いている最中ならば、いっそう懐疑的になるようわたしたちは学ばなければならない。実際、これこそが、科学がわたしたちに教える教訓なのである。

リベラルな科学や保守的な科学といったものは存在しない。わたしたちが実証的な問いをするとき、もっとも考慮すべきはエビデンスである。ダニエル・パトリック・モイニハン上院議員[4]がかつて（別の話題についてだが）言ったように、「あなたは自身の意見を主張する権利があるが、事実についてはその権利はない」。科学の強さは、人の信念を実証的なエビデンスと絶えず照合し、事実がどうであるかを学ぶことでその信念を変える姿勢をもっていることである。わたしたちは、この姿勢をほんの少しでいいので、ほかの事実問題についての考察に取り込むよう宣言できないだろうか？　そうしなければ、そこにはポストトゥルースよりもはるかに大きな危険があるのではないかとわたしは危惧している。

わたしたちは真理以前の時代に入りつつあるのか

『ワシントン・ポスト』の最近の記事で、ルース・マーカスは『タイム』誌のトランプのインタビューにいつも以上に苦しめられていた[16]。インタビューのなかで、トランプはファクト・チェッカーの

（16）Ruth Marcus, "Forget the Post-Truth Presidency: Welcome to the Pre-Truth Presidency," *Washington Post*, March 23, 2017, https://www.washingtonpost.com/opinions/welcome-to-the-pre-truth-presidency/2017/03/23/b35856ca-1007-11e7-9b0d-d27c98455440_story.html?utm_term=.86208421e389.

頭をおかしくさせるあらゆる事を話した[17]。トランプは『ワシントン・ポスト』から「ピノキオ」認定で四つ星を獲得し、『ニューヨーク・タイムズ』などから言い間違い（あるいは嘘）を責められた[18]。だが、マーカスはトランプの虚言癖以上のことを心配していた。

　このインタビューでトランプは、「わたしは本能にきわめて忠実な人間ですが、結果としてわたしの本能は正しいことがわかるのです」と述べている。この発言から考えるに、トランプは、彼が言ったことがエビデンスによって証明されえないとしても、それは依然として真実であると言いたかったようである。エビデンスが存在しており、トランプはそれを目にした唯一の人物であったと言いたいのではなさそうだ。そうではなく、トランプは、なにかをなんらかの仕方で信じることで、そのことを真実にできると思っているようだった。単に正確な予言を好むという性格の問題を越えて、トランプはあたかも自分が現実を変える力をもっているかのように話している。マーカスは次のように記している。「主張が正しくなくとも心配いらない。トランプ大統領はそれを真実のものにする方法を見つけるだろうし、あるいは少なくともそれは真実だと主張するだろう[19]」と。

　たとえば、二〇一七年二月一一日の集会で、トランプは「スウェーデンで昨晩起こったこと」についてのあいまいな言及をした。スウェーデンの人々は困惑した。彼らの知る限りでは、その前夜、なにも起こっていなかった。トランプはスウェーデンの移民についてFOXニュースで見た話をしゃべっていることがわかった。つまり、なにも「起こって」いなかった。それから二日後――ひょっとするとこの問題をトランプが強調したせいかもしれないが——ストックホルムの移民居住区で暴動が発生した。『タイム』のインタビューで、トランプは自分が正しかったと誇らしげに述べた。

スウェーデン。わたしが声明を発表すると、皆おかしくなる。その翌日には大規模な暴動、死者、多くの問題が発生する。〔…〕数日後に、スウェーデンで、おそろしい、実におそろしい暴動が起きた。何が起こったか君も見ただろう。[20]

（17） http://time.com/4710456/donald-trump-time-interview-truth-falsehood/.

（18） Glenn Kessler and Michelle Ye Hee Lee, "President Trump's Cascade of False Claims in Time's Interview on His Falsehoods," *Washington Post*, March 23, 2017, https://www.washingtonpost.com/news/fact-checker/wp/2017/03/23/president-trumps-cascade-of-false-claims-in-times-interview-on-his-falsehoods/?utm_term=.1df47d64641a; Michael Shear, "What Trump's Time Interview Shows about His Thinking," *New York Times*, March 23, 2017, https://www.nytimes.com/2017/03/23/us/politics/what-trumps-time-interview-shows-about-his-thinking.html?_r=0; Lauren Carroll and Louis Jacobson, "Fact-Checking Trump's TIME Interview on Truths and Falsehoods," *PolitiFact*, March 23, 2017, http://www.politifact.com/truth-o-meter/article/2017/mar/23/fact-checking-trumps-time-interview-truths-and-fal/.

（19） Marcus, "Forget the Post-Truth Presidency."

（20） http://time.com/4710456/donald-trump-time-interview-truth-falsehood/.

これはトランプが「正しい」ということだろうか？　もちろんそうではない。暴動があったのは「昨晩」ではないし、それは「大規模」ではないし、死者もいなかった。だが、トランプの考えのなかでは、暴動は彼の正しさを証明したのだ。

別の例を考えよう。二〇一七年三月四日早朝、トランプはオバマ大統領が大統領選挙の期間中トランプタワーを盗聴していたとツイートした（同じくトランプはFOXニュースに反応していたようで、なんの証拠も示すことができなかった）。FBI、NSA、FISA、その他の信頼できる情報源の調査は、これが実際に起こった証拠はないということを明らかにした。その後、三月二四日に、共和党のデヴィン・ヌネス（下院諜報活動常任特別委員会の共和党議長）は記者会見を開いた。そこでヌネスは、トランプに対する監視について、信頼できるソースから得たひどくやっかいな事実について、ちょうど大統領にブリーフィングを済ませてきたところだと述べた。結局のところ、その「事実」とは、記者会見の前夜、トランプの補佐官二名がヌネスに伝えたものであることがわかった。議会とメディアが尽力したことで判明したのだが、トランプの補佐官のなかにロシア当局に関する情報収集ルーチンにおいてたまたま監視対象となっている者がいるということだった（トランプの補佐官がロシア当局に話していた内容は、まだ特定されていない）。だがトランプは、これが以前の彼の主張の正しさを証明するものだとみなした。彼は「つまり、わたしは正しいということだ」と言い、主張が「立証された」気がすると述べた。そのときトランプはそれについて知る方法がなかったにもかかわらず、――そして、彼の補佐官も含めた電話上の会話が偶然収集されたことを「盗聴されている」とみなせるかどうかは――そしてそれがオバマ大統領によるかどうかは――未解決の問題であるにもかかわらず、トランプは自らの正しさを称賛したのだ。

ここで何が起こっているのだろうか？

マーカスによれば、「トランプは単純に現実を受け入れることを拒否しているわけではなく、現実を自分の意志に合わせて都合よく曲げる」のである。『タイム』のトランプ・インタビューに関して『ガーディアン』紙がおこなった別の分析によると、結論はもう少し包括的である。

トランプ話法（Trumpspeak）においては、真実は事実にもとづかない。［…］真実を語る声明は、必ずしも世界の出来事についての正確な報告を提供しなくてもよい。その声明は、理論上起こったかもしれないなにかと近似したもの、あるいはそれを誇張したものを与えるのである。大統領が指定した夜にスウェーデンでテロ攻撃が起こったかどうか、ということは問題ではない。暴動は大規模でなかったとか、死者が出なかったとかも、気にするべきことではない。ほぼとだいたいで十分なのである。

トランプ話法においては、信じることが真実の証である。彼の支持者が彼を信じるなら、そのときトランプが話していることは真実にちがいない。反対に、彼の批判者が彼を信じようとしないなら、これもまた彼が話していることが真実にちがいないという証拠となる。

　つまるところ、トランプ話法とはビジネスである。それは真実になんら独立した価値を置かない。話の価値は、もっぱらその効果の点からのみ計測される。ある声明がわたしをわたしの目的に近づけるものならば、その場合それは価値あるものである。そうでなければ、それは無価値である。つまり、価値ある声明とは、それがわたしの利益を増進させるという事実が理由となって、正しいのだ。それができない声明は、無価値であり、したがって誤りなのである。[21]

これはポストトゥルースなのか、あるいはそれとは異なるなにかなのだろうか？　「〔信念を〕形成するにあたって、客観的な事実が感情に訴えかけるよりも影響力をもたない」という実例のひとつにすぎないのだろうか？　あるいはこれは妄想に近いなにかなのだろうか？　マーカスの「前真理（pre-truth）」という表現は、トランプが物事の起こる前にそれを知ることができると信じているのみならず、彼の信念がそれを起こるようにすると信じている状況を表しているように思える。[22] このことは、他人と共有可能ななんらかのエビデンスにではなく、未来――あるいは過去――を直観できる、または制御さえできるというトランプの感覚にもとづいている。心理学者はこれを「魔術的思考」と呼ぶ。

　これは憂慮すべきものなのだろうか？　それとも、信念、出来事、情報の断片がどのくらい彼を喜ばせるかによって得点をつけるような人物から予想されることでしかないのだろうか？　トランプが何度もツイートすることだが、「わたしを否定するあらゆる調査結果はフェイクニュースである」。まさにそのとおりだ。だが、人々がトランプのこうした考えを憂慮するのは、それが人々を操作して現実を拒否させる根深い試みや、あるいは現実そのものとの断絶を示唆しているからなのである。

わたしは自分が未来を予見できると考えるほどうぬぼれてはいない。だが、わたしたちが真実から切り離されれば、わたしたちは現実からも切り離されてしまう。フロリダのコーラルゲーブルズの街で——住人が信じようが信じまいが——水位が上がりつづけるように、ポストトゥルースの帰結も、わたしたちが戦う準備を整えないあいだは、わたしたち全員の足元から這い上がってくるだろう。しばらくは他人に（あるいはわたしたち自身に）でたらめなことを言って逃避することができるかもしれないが、最後にはわたしたちは、自分自身の現実を作り出せると考えた代償を払うことになる。

一九八六年一月二八日、スペースシャトル・チャレンジャー号がフロリダ州ケープカナベラルから発

(21) Lawrence Douglas, "Donald Trump's Dizzying Time Magazine Interview Was 'Trumpspeak' on Display," *Guardian*, March 24, 2017, https://www.theguardian.com/commentisfree/2017/mar/24/donald-trumps-dizzying-time-magazine-interview-trumpspeak.

(22) Bill Moyers, "A Group of Experts Wrote a Book about Donald Trump's Mental Health — and the Controversy Has Just Begun," *Mother Jones*, Sept. 23, 2017, http://www.motherjones.com/politics/2017/09/a-group-of-experts-wrote-a-book-about-donald-trumps-mental-health-and-the-controversy-has-just-begun/.

射された七三秒後に空中分解し、クルー全員が死亡した。シャトル製造に使われていた科学的知識は正確なものであり、任務も初めてではなかった。この惨事のあと、レーガン大統領はなにがまずかったのかを調査するため、卓越した科学者と宇宙飛行士からなる特別委員会を設立した。工学的には問題はなかったが、調査の結果、シャトルのゴム製O《オー》リングの低温耐性について事前に懸念があり、低温状態がリングを崩壊させたかもしれないということが明らかとなった。シャトルは氷点下での打ち上げを推奨されていなかったのだ。一月二八日は、フロリダでは異常に寒い日だった。ならばなぜシャトルの打ち上げが予定されたのか？　それはNASA技術者の反対を覆してなされた経営上の決定によるものであった。

Oリングの問題は、委員会のメンバーであるノーベル賞受賞の物理学者リチャード・ファインマンによって劇的に説明された。彼はある公聴会で、テーブルの上の氷水のはいったピッチャーにOリングを浸してみせた。事実は事実であった。どんな偏向、嘘、たわ言、巧みな話もそれを否定することはできなかった。シャトル墜落の後、自分たちが現実を制御できると考えたNASAの役員たちの本能や直観に対する配慮はほとんどなくなった。直後にファインマンは以下の警句を含んだ報告書を公開した。「技術的な成功を望むなら、現実は対外的な関係に優越しなければならない。自然をだますことなどできないのだから(23)」。

わたしたちがそれをポストトゥルースと呼ぶにせよ前真理と呼ぶにせよ、現実を無視することは危険である。本書においてわたしたちが話してきたのはこのことだ。ポストトゥルースの危険性は、わたしたちが事実や真実とみなすものを形作る役割を自らの意見や感情に与えることだけにあるのではない。そうすることによって、現実それ自体から隔たってしまうリスクもあるのだ。

しかし、別の道もある。

わたしたちが自分たち自身にそうあることを許さない限り、わたしたちはポストトゥルースになることもなければ前真理になることもない。ポストトゥルースは現実とは関係ない。それは人間が現実に反応する仕方に関係する。いったん自身の認知バイアスに気づけば、わたしたちはそれを覆すためのより有利な立場に立てる。よりよいニュースメディアのかたちを望めば、わたしたちはそれを支援することができる。誰かがわたしたちに嘘をついても、わたしたちは彼ないし彼女を信じるかどうかを選べるし、あらゆる虚偽に異を唱えることができる。誰かがわたしたちの目をくらませようとしている世界に対してどのように反応すべきか。これは、わたしたちが決定できることだ。つねにそうであったように、真実はいまだに重要である。わたしたちがこのことを理解するのに間に合うかどうかは、わたしたち自身にかかっている。

(23) https://science.ksc.nasa.gov/shuttle/missions/51-l/docs/rogers-commission/Appendix-F.txt.

訳註

エピグラフ

〔1〕ジョージ・オーウェル「スペイン戦争を振り返って」『カタロニア讃歌』橋口稔訳、筑摩書房、二〇〇二年、三四九–二五〇頁。ただし訳文は一部変更。

第一章

〔1〕このエピグラフはジョージ・オーウェルの発言として多くの文献で引用されているが、その真偽のほどは定かではない。

〔2〕Newton Leroy Gingrich　アメリカ合衆国の共和党所属の政治家。

〔3〕Stephen Tyrone Colbert　コメディアン、俳優、作家。「真実ぽさ truthiness」のほかに、事実ではなく合意に基づいて形成される現実や確からしさを意味する「ウィキアリティ Wikiality」という言葉を作ったことでも知られる。

〔4〕エビデンスや事実なしに個人の直感や認識に基づいて、ある特定の言明が真実であるという主張を行うこと、またそうした信念を指す。

〔5〕真理整合説は、ある命題の真偽は他の命題群と整合的である否かで決定されるとする説。プラグマティズムにおける真理説は、実践上の有意義な帰結を得ることが可能であるような観念こそ真理であるとする説。意味論における真理定義は、従来の真理概念の内容を適切に含み、かつ自己言及のパラドクスを避ける形式的に正しいものを指す。詳細は、以下の文献の「真理論」の項目を参照。廣松渉ほか編『岩波　哲学・思想事典』岩波書店、一九九八年、八六六–八六七頁。

〔6〕ハリー・G・フランクファート『ウンコな議論』山形浩生訳、筑摩書房、二〇一六年。

〔7〕元アメリカ合衆国副大統領のアル・ゴアが主演する、地球温暖化に関するドキュメンタリー映画のタイトルは『不都合な真実』（*An Inconvenient Truth*、二〇〇六年）である。

第二章

〔1〕この文句は、ジョン・メイナード・ケインズが政府の公聴会で自身の意見が年月を経るごとに変化していると批判された際にした発言だと一般的には理解されているが、その真偽のほどは定かではない。

〔2〕ユーザーのクリックを促す扇情的な見出しで、閲覧者数を増やす手法。

〔3〕第四四代アメリカ合衆国大統領バラク・オバマのアメリカ合衆国の国籍が正当なものであるか、アメリカ合衆国の大統領の資格がないのではないかとする陰謀論。

第三章

〔1〕ジョージ・オーウェル「ロンドン通信」鮎沢乗光訳『オーウェル著作集Ⅲ　一九四三―一九四五』小池滋ほか訳、平凡社、一九七〇年、二八五頁。ただし訳文は一部変更。

〔2〕Leon Festinger, *A Theory of Cognitive Dissonance*, Stanford University Press, 1957.（レオン・フェスティンガー『認知的不協和の理論　社会心理学序説』末永俊郎監訳、誠信書房、一九六五年）

〔3〕Leon Festinger, Henry W. Ricken & Stanley Schachter, *When Prophecy Fails: A Social and Psychological Study of a Modern Group that Predicted the End of the World*, University of Minnesota Press, 1956.（レオン・フェスティンガー、ヘンリー・リーケン、スタンレー・シャクター『予言がはずれるとき　この世の破滅を予知した現代のある集団を解明する』水野博介訳、勁草書房、一九六五年）。なお、本文で言及されている書名『ドゥームズデイ・カルト』は、調べた限りフェスティンガーの著作としては見当たらない。関連書として以下を参照。John Lofland, *Doomsday Cult: A Study of Conversion, Proselytization, and Maintenance of Faith*, Prentice-Hall, 1966.

〔4〕千年王国説などの終末論を信奉することを指す。

〔5〕Richard Thaler, *Misbehaving: The Making of a Behavioral Economist*, New York, Newton, 2015（リチャード・セイラー

『行動経済学の逆襲』遠藤夏美訳、早川書房、二〇一六年）
〔6〕 Daniel Kahneman, Amos Tversky, "Judgement under Uncertainty: Heuristics and Biases", *Science*, vol. 185, Issue 4157, 1974, pp. 1124-1131（ダニエル・カーネマン「付録Ａ　不確実性下における判断――ヒューリスティックとバイアス」『ファスト＆スロー　あなたの意思はどのように決まるか？　上・下』村上章子訳、早川書房、二〇一四年）
〔7〕 Upton Sinclair, *I, Candidate for Governor: And How I Got Licked*,（Berkley and Los Angeles, California: University of California Press, 1994）, 109.
〔8〕 スピンは広報活動において、自らの立場を正当化するために偏った主張をおこない情報操作をすることを指し、スピンドクターはそうした情報操作に習熟した人を指す。
〔9〕 ここで話題にされているのは、二〇一五年一月一八日に行われた米プロフットボールリーグＮＦＬの優勝決定戦（スーパーボウル）への出場を決める試合で、ニューイングランド・ペイトリオッツがパスなどをしやすいようにボールの空気を抜いて空気圧をＮＦＬの規定よりも意図的に下げたことから生じた一連の騒動、通称「デフレゲート事件」である。
〔10〕 Garrison Keillor　一九四二年生まれのアメリカの作家、声優、ラジオパーソナリティ。アメリカ南部の架空の町レイク・ウォビゴンを舞台に人々の素朴な暮らしを伝えるラジオニュース「レイク・ウォビゴン・ニュース」が一九七九年から全米で人気となる。著作に『レイク・ウォビゴンの人々』（熊谷鉱司訳、東京書籍、一九九三年）がある。

第四章

〔1〕 オーウェルの言葉とされているが出典不明。
〔2〕 一九五四年に放送を開始した、ＮＢＣのトーク番組。ジョニー・カーソンはこの番組の司会を、一九六二年から一九九二年の三〇年間にわたり務めた。
〔3〕 Rush Limbaugh　一九八八年に放送を開始した、聴取者参加型トーク・ラジオ『ラッシュ・リンボー・ショー』のホスト

を務める。
〔4〕二〇一二年に起こったサンディフック小学校銃乱射事件のことを指す。
〔5〕Bernard Lawrence Madoff　アメリカの実業家バーナード・ローレンス・マドフのことを指す。元NASDAQ会長であるマドフは、数百億ドルの被害を出した史上最大の巨額詐欺事件の犯人として知られる。
〔6〕Andy Borowitz　作家、コメディアン。
〔7〕原題の直訳は『取引の技術（The Art of the Deal）』である。
〔8〕ギャラップ社が実施している世論調査。

第五章

〔1〕ジェファーソンの言葉とされているが出典不明。
〔2〕Facebookのユーザーのアクティビティに応じて、話題になっているトピックを表示する機能。二〇一八年六月に、ユーザーの利用度の低さを理由に廃止が発表された。
〔3〕InfoWars　アレックス・ジョーンズが運営する陰謀論サイト。
〔4〕Newsmaxはクリストファー・ラディが設立した保守主義的なニュース・オピニオン・ウェブサイト。ABCNews.com.coはABCnews.comのURL、ロゴ、デザインなどを真似たフェイクニュース・サイト。
〔5〕興味本位な報道をして部数をのばそうとする報道の仕方、あるいはそうした報道をする新聞。
〔6〕Karl Christian Rove　アメリカの政治コンサルタント。ジョージ・W・ブッシュ政権時代に次席補佐官、大統領政策・戦略担当上級顧問を務めた。
〔7〕『ロミオとジュリエット』第三幕第一場、マキューシオとティボルトの決闘場面における、マキューシオの台詞。以下の既訳を参照。シェイクスピア『ロミオとジュリエット　シェイクスピア全集2』松岡和子訳、ちくま文庫、一九九六年、一一三

頁。

第六章

〔1〕ジョージ・オーウェル「鯨の腹の中で」鶴見俊輔訳、『オーウェル著作集1』鶴見俊輔他訳、平凡社、一九七〇年、四八三頁。

〔2〕Michael Patrick Lynch　コネチカット大学の哲学教授。真理、民主主義、公共の言説、技術の倫理を専門とする。

〔3〕Alexis Papazoglou　元ケンブリッジ大学講師、ロンドン大学研究員。近現代哲学、とくに自然主義と機械論を専門とする。

〔4〕イギリスの社会学者のデイヴィッド・ブルアが『数学の社会学』のなかで提唱した、科学知識についての社会学がもつべき原則。因果性、不偏性、対称性、反射性の四つの原則がある。D・ブルア『数学の社会学　知識と社会表象』佐々木力、古川安訳、培風館、一九八五年。

〔5〕進化論に反対し、宇宙を高次の存在が創造（デザイン）したとする主張。

〔6〕Michael Bérubé　ペンシルヴァニア州立大学の英文学者。近現代文学、障害学、文化理論を専門とする。一九九六年から二〇〇六年までNYU Pressの「カルチュラル・フロント」シリーズの編者を務めていた。

〔7〕地球が現代科学の想定よりも短い期間で神によって創造されたとする創造説の一種。

〔8〕オバマがトランプを盗聴しているというトランプの主張と関連して、ライスの情報開示請求はその目くらましであり不当なものだという主張が存在していた。この「噂」はそのことを指していると思われる。盗聴が事実無根とされた同じ報告で、ライスの請求も正当なものと認められている。

〔9〕CBSイブニング・ニュースのアンカー、スコット・ペリーは、「60ミニッツ」二〇一七年三月の放送分としてマイク・セルノヴィッチのインタビューをおこなった。番組内でセルノヴィッチはペリーにニュースの信憑性について激しく追及され、セルノヴィッチ側は「60ミニッツ」が彼らの発信をフェイクニュース扱いしていると抗議し、番組の未編集版の公開を迫った。

Abby Ohlheiser and Ben Terris, "How Mike Cernovich's influence moved from the Internet fringes to the White House", *Washington Post*, April 7, 2017. https://www.washingtonpost.com/news/the-intersect/wp/2017/04/07/how-mike-cernovichs-influence-moved-from-the-internet-fringes-to-the-white-house/

第七章

〔1〕 George Orwell, "Review of *Power: A New Social Analysis* by Bertrand Russell", *The Adelphi*, January 1939, reprinted in George Orwell, Facing Unpleasant Facts, the complete works of George Orwell 7, London, Random House, 1998, p. 311. 実際の文章は、「バートランド・ラッセル氏の著書『権力』にいくぶん空虚に思われるページがあるとすれば、それは単にわたしたちがいまや、明白なことを繰り返し言うことがインテリの第一任務となるようなどん底に沈んでしまっているということである」。

〔2〕 愚かな行為で死亡し（または生殖能力を失い）「人類の進化に貢献した」者を称えるインターネット上の運動。https://darwinawards.com

〔3〕 ドイツ語で「他人の不幸や失敗を喜ぶ気持ち」を意味する。

〔4〕 Daniel Patrick Moynihan　アメリカ民主党の政治家、社会学者。一九七七年から二〇〇一年まで上院議員を務めた。

附論

解釈の不安とレトリックの誕生
――フランス・ポストモダニズムの北米展開と「ポストトゥルース」

"You could bring a bullet, bring a sword., bring a morgue. But you can't bring the truth to me."

――Kendrick Lamar, SZA, *All The Stars*, 2018.

0 イントロダクション――交差するふたつの「嘘」

二〇二〇年四月二七日、アメリカ大統領ドナルド・トランプはtwitter上で驚くべき発言を披露する。「FAKE NEWS, THE ENEMY OF THE PEOPLE!（フェイクニュース、それは国民の敵だ!）」というものだ。その数日前の四月二四日に、トランプは演説にて「紫外線を浴びればコロナウィルスへの免疫ができる」と語り、ホワイトハウスの新型コロナウィルス対策調査官であるデボラ・バークスが横で困り果てた表情をしている映像がCNNを通じて配信されたばかりのことであった。トランプはそこで、消毒剤（漂白剤）を体内に摂取すればコロナの感染が防げるかもしれないとまで述べていた。もちろんトランプのこの発言は医学的な常識をまったく踏まえていないものであり、実践すれば人体にきわめて有害な結果を与えかねない。バークスは、後日おこなわれた記者会見で、トランプの発言をフォローする羽目に陥った。トランプが「フェイクニュース」という単語を口にするのは初めてではないし、自分にとって都合の悪いニュースをそう呼んで非難してきたことも、ちょっとしたトランプウォッチャーならすでにご存知のことだろう。それでも今回のエピソードが注目に値するのは、科学に対する無知を公然と垂れ流すトランプの発言が、それ自体まさしく「フェイクニュース」であるにもかかわらず、当のトランプが舌の根も乾かぬうちに「フェイクニュースは敵だ」と言い放つという明白な矛盾を見せた点にある。

この一連の出来事は、「フェイクニュース」や「ポストトゥルース」の特徴を明るみに出す。「ポストトゥルース」において必要とされるものは、第一に、科学的な成果やその検証手続きに置かれている信を省みないことにある。つまり、ある政治的な視点からすれば科学的な見解はフェイクに過ぎないものとなりえる。もちろん科学者から見ると政治家の発言がフェイクを通り越してナンセンスないしは単なる有害な発言となる場合もある。そこではお互いが他方をフェイクとして否定する関係が見られる。要するに、「ポストトゥルース」は、「科学」と「政治」とが相容れなくなる点から発生するのではないか、という推測が成り立つ。

リー・マッキンタイアによる『ポストトゥルース』の第六章は、ポストトゥルースとポストモダニズム（ポストモダン思想）の関係を主たる考察の対象としている。科学史家としてキャリアをスタートさせたマッキンタイアは、ポストトゥルースという現象において、ポストモダニズムと科学的思考との対立のなかにポストトゥルース形成の一因を見る。そこでは、ポストモダニズムには科学的思考を相対化し、科学的真理を無効化する可能性があったのではないか、という疑問が提出される。マッキンタイアが両者の関係を考えるために重要な指標として提示しているのが、一般に「ソーカルの嘘（Sokal's hoax）」あるいは「ソーカル事件」と言われる事件である。この事件は、物理学者アラン・ソーカルがポストモダン的用語をちりばめた「パロディー」論文を当時のアメリカの著名なカルチュラル・スタディーズの研究誌『ソーシャル・テクスト』に投稿し、それが査読を通過して掲載されたことが発端となったもので、人文社会科学と数理科学の対立を煽る大きな騒ぎとなったことで知られている。同じく物理学者でもあるジャン・ブリクモンが、一九九八年に出版されたソーカルとの共著『知の欺瞞』の序で述べるところによると、科学者たちはポストモダニストたちによる科学用語の濫用を批判対象としていた。科学に対する彼らの理解は専門の物理学者たちから見てはなはだ不十分であいまいなものであり、そこに思考の混乱やインチキが見られるというのが批判の骨子である。つまり、ポストモダニストたちによる科学の濫用は、科学者によって提示された事実や論理を軽視するものであり、結果として科学がその知的誠実さによって達成してきた成果を台無しにしてしまうことになる。ソーカルやブリクモンにとって、これは科学の成果を歪曲し、特定の政治的運動に沿うものに変えてしまうという危惧を抱かせるものであった[1]。科学的真理を無力化するポストモダニズムはポストトゥルースの尖兵である、ということになる。

マッキンタイアは、ポストモダニズムが「ポストトゥルース現象のもっとも不運な起源のひとつ」であると表現することで、ポストモダニズムが主に一九九〇年代以降に果たした役割を説明する。「不運」という形容は注目に値する。この表現は、ポストモダニズムが、政治と科学との対立、あるいはそれに類する対立において、その内実に反する仕方で利用されてきた、ということを意味している。ポストモダン的知は、ある状況に対して予想以上に、――あるいは予想に反して――機能してしまったのではないか。刃物は生活を便利にする道具にもなれば、他人を殺める凶器にもなりうる。ポストトゥルースという現象をめぐる複雑な因果関係のなかで、ポストモダニズムが占める役割は、まさにそのようなものではなかったか。他者を尊重し多様性を尊ぶ解釈の宝庫であった（少なくともリベラルの立場からはそのようにみなされ歓迎されてきた）ポストモダン思想は、ある仕方で、それと完全に対立し、場合によっては常識的なレベルでは容認し難いような考え方に対しても、特定の地位や発言権を与えることを可能にしてしまったのではないか。さらに、ひょっとしたらポストモダニズム自体にも、事態をそのように悪化させる原因や環境があったのではないか。

こうしたことを検討する導入として、まずはマッキンタイアによる理解を取り上げてみよう。ポストモダニズムによって促進された考え方は次のようなものだとされている。

1　あらゆる事象は「テキスト」に還元可能であり、したがって脱構築可能である。あらゆるものについて、ただひとつの正解があるのではなく、複数の答えがある。

2　真理・真実は存在せず、すべては解釈にしかすぎない（ニーチェ由来の遠近法主義）。いかなる真理の宣言もそれをおこなう人物のイデオロギーの反映に過ぎない。

つまり、ポストモダニズムによれば、あらゆる事象は複数の読みが可能なテキストとみなすことができるし、そこからいかなる解釈を引き出すこともできるということになる。のみならず、そこで引き出された「真なる」解釈も、その解釈をおこなった人間のイデオロギーの反映に過ぎない。つまり、この考え方を手法として用いることによって、なんであれ固有のイデオロギーの反映として読むことが可能

（1）　アラン・ソーカル、ジャン・ブリクモン『知の欺瞞　ポストモダン思想における科学の濫用』田崎晴明ほか訳、岩波現代文庫、二〇一二年。とりわけ「1　はじめに」を参照。

になる。ポストモダニズムは、対象がなんであれ複数の読みや解釈を保証するのみならず、その解釈を読み手の立場と同一化させて「真理」へと仕立て上げる装置となるのである。科学と政治のあいだで、嘘を真理へとすげかえるこのようなロジックが作動している。

あとで見るように、こうしたポストモダニズム理解は図式化されたきわめて平板なものでしかない。だが他方で、そうであるがゆえに、この手法はマニュアル的に利用されて波及しやすいものとなる。ポストモダニズムについてのこうした「解釈」は、その理論的内実に由来する必然的なものなのだろうか。ここで、上記のような「図式化」は、歴史上のある時点に生じたことが推測される。たとえば、「脱構築＝解釈の複数性」という等式の妥当性は、初等幾何における「三角形の内角の和＝一八〇度」という命題のもつ妥当性と同じなのだろうか？　おそらくそうではない。前者は歴史的に形成された図式的理解であって、そこには本質的かつ内在的なものにとどまらない理由が存在しうる。一九六〇年代半ばごろから北米において受け入れられたフランス思想を指す「フレンチ・セオリー」をめぐる状況を考察することで、こうした展開を——人文科学の当事者の側から——明らかにすることができるのではないか。

1　渡米するフランス思想——「フレンチ・セオリー」の特徴

すでに知られていることだが、「フレンチ・セオリー」という表現は、北米におけるフランス思想の受容を契機に生み出されたものであり、同じくアメリカ発祥とされる「ポストモダン」という概念のひとつの理論的骨子を形成している。(2)

アメリカで「フレンチ・セオリー」が見出された最初の出来事としてしばしば言及されるのは、一九六六年にジョンズ・ホプキンズ大学においておこなわれたシンポジウム「批評の言語と人間の科学」である。一〇月一八日から二一日までの四日間にわたって開催されたシンポジウムは、アメリカの人文学者たちにとって「同時代の「構造主義」思想からのインパクト」(3)が浴びせられる機会となった。フランスからはルネ・ジラール、シャルル・モラゼ、ジョルジュ・プーレ、リュシアン・ゴルドマン、ツヴェタン・トドロフ、ロラン・バルト、ジャン・イポリット、ジャック・ラカン、ジャック・デリダ、そしてジャン゠ピエール・ヴェルナンが出席している。今日では構造主義者とはみなされないプーレやゴルドマンなどから構成されたメンバーを考えると、北米においては構造主義ないしはそれ以降の思想が正確に理解されていたわけではない。数年後に出版された書籍の序文では「パリ構造主義者」や「フラン

(2) 一九七九年に出版されたリオタールの『ポスト・モダンの条件』冒頭において、リオタールは次のように述べている。「この用語〔＝《ポスト・モダン》〕は、現在、アメリカ大陸の社会学者や批評家たちによって広く用いられている。」(リオタール『ポスト・モダンの条件』小林康夫訳、書肆風の薔薇、一九八六年、七ページ)

(3) Richard Macksey and Eugenio Donato (eds.), *The Structuralist Controversy: the Language of Criticism and the Sciences of Man*, Johns Hopkins Univ. Pr., 1972, xv.

ス思想」という名称が当てられていることからも、まだそれらを示す枠組みがはっきりしていないことがわかる。シンポジウムとそれを取り巻くこうした状況については、フランソワ・キュセによる著作『フレンチ・セオリー』に詳しいが、それ以前、つまり一九六〇年代半ばまでのアメリカにおいて受容されていたフランス思想は、ポール・リクールやメルロ＝ポンティといった現象学者のものが主であり、一九六六年にレヴィ＝ストロースの『野生の思考』が英語訳されたものの反響はほとんどなく、言うなれば「構造主義」自体がほぼ未紹介という状態であった(4)。「構造主義」という名さえ流通していない北米において、同年参集したフランスの理論家たちは、構造主義とそれ以前、ないしはそれ以降の思考との対立を互いに見せることになる。バルトの構造主義分析に対抗して想像力を擁護するプーレの立論や、テクストと社会の関係を認めた上で、テキストのみにもとづく脱構築主義から距離をとったゴルドマンの態度などにこうした状況が見てとれる(5)。

つまり「フレンチ・セオリー」とは、フランス現代思想が北米に流入した当初から、特定の方法や立場に基づく固有の理論として受容されていたものに対する名称ではなかった。構造主義以前の新批評に属するプーレのテーマ批評やゴルドマンのマルクス主義批評、構造主義の代表的な人物とみなされるラカンやバルトによる提題や、構造主義の問題を適切にとらえ、その次の展開を明確に志向しようとしていたデリダ、あるいはヘーゲル主義の捉え直しという古典哲学的な側面から構造という概念に疑義を唱えるイポリットなど、あまりにも多様な思考からなるフランス思想のアメリカ上陸を一貫した思想としてまとめることは、今日でも困難であろう。キュセの表現に従うならば、その統一的な影響は、従来までの理論体系の骨子となる概念に対してある種の「否定」という選択肢を与えた点にある。すなわち「フレンチ・セオリー」とは「主体の拒否、表象の拒否、歴史的連続性の拒否という三重の否定の共同体」を形成した理論として把握される。[6] さらにこのセオリーは、フランスにおいて元の思想が形成された際に前提としていた文脈が切り落とされて受容され、その逆説的な結果として用語や概念としての流通力をむしろ高めることになった。それは後に——主に九〇年代以降だが——ある種の知的な装いや意匠として受容され、一般に流通するにまで至ったのである。[7]

十分に理解されないまま流通する「フレンチ・セオリー」の姿は、別の戯画的なエピソードからも確認することができる。一九六六年の最初の出会いから十年近く経った一九七五年に、コロンビア大学で開かれた「スキゾカルチャー・カンファレンス（Schizo-Culture Conference）」においてのことである。[8]

（4）フランソワ・キュセ『フレンチ・セオリー』桑田光平ほか訳、NTT出版、二〇一〇年、一三―一七ページ。

（5）キュセ『フレンチ・セオリー』、一五ページ。

（6）キュセ『フレンチ・セオリー』、「序」XIIページ。

（7）キュセ『フレンチ・セオリー』、九五ページ。たとえば一九九七年に公開されたウディ・アレン監督のヒット作『地球は女で回ってる』の原題は『ハリーを脱構築する Deconstructing Harry』である。他にも、スパイク・ジョーンズ監督の『アダプテーション』（二〇〇二年）では、主人公が創作するミステリー小説に登場する大学教授が「脱構築主義者 Deconstructionist」と呼ばれている（字幕では「哲学者」とされているが）。

ロトランジェとコーエンによる編著『アメリカのフレンチセオリー』で語られているが、このイベントには、ジル・ドゥルーズ、フェリックス・ガタリ、ミシェル・フーコー、ジャン＝フランソワ・リオタールが招聘された。出席者のひとりであったアーサー・ダントーは当時のことを次のように回顧している。

「わたしはその場にいた。実際、わたしは演者の一員だった。何らかの理由で、最初の晩にわたしはリオタールと同じ卓を囲んだ。このリオタールという男は、支離滅裂さという真正の才能（true gift of incoherence）を授けられている、わたしはそう思う。ほかのフランス人たちは支離滅裂さに到達しようと試みていた。だがリオタールは支離滅裂さとともに生まれてきたのだ。それは絶対音感のようなものだ。」

リオタールの支離滅裂さが生来のものだというダントーの評は、あたかも奇矯な音楽家についてのそれのようだが、これに続く証言はいっそう示唆的である。

「リオタールはフランス語で話した。テーブルにはリオタールの言ったことを翻訳することを目的に三人の人がついていたが……三人は意見を一致させることができなかった！　結局のところ、三人とも、「ええと、わたしたちが思うに、彼の言わんとしていたことはこれです……」と言うことになった。通訳者たちはリオタールが言おうと試みていたことをわたしたちに伝えるよう努力していたが、三人はそれが絶望的な試みだとわかっていたし、わたしたちが自分自身で理解に努めねばならないと思っていた[9]。」

目の前で話すリオタールの生きた言葉に直面したアメリカのアカデミックな関係者たちの困惑をダントーは巧みに描写している。とはいえダントー自身は不可解なものに対して理解を拒むタイプの哲学者ではなかったという点に注意しておくべきであろう。ダントーを分析美学者として著名な存在に仕立て上げたのは、アンディ・ウォーホールによる《ブリロ・ボックス》体験と、それに基づく一九六四年の論考「アートワールド」であり、そこでは不可解なものとして現れ鑑賞者にコミュニケーションの不断の更新を促すことが芸術作品の機能だと考えられている[10]。論文「アートワールド」の用語を援用するならば、新しい芸術作品とは、歴史的な変遷に応じて芸術相関的な述語を増加させるものなのである[11]。リオタールの姿は、ひとりの優秀な分析哲学者に対して、《ブリロ・ボックス》にも匹敵するような衝撃

(8) キュセ『フレンチ・セオリー』、五〇 - 五六ページ。
(9) Sylvère Lotringer and Sande Cohen, "Introduction" in Sylvère Lotringer and Sande Cohen (eds.), *French Theory in America*, Routledge, 2001, p. 2.

を与えたのかもしれない。ここでのダントーは、リオタールをあたかもひとつのオブジェ、すなわちアートワークとして眺めているかのようにさえ見える。「鑑賞者」である英語話者たちは、理解不能な言葉のパフォーマンスに対してなんとか言葉を紡ぎ、それによって自分たちの「ワールド」を拡張しようとしていたことを、各自の「絶望的な」務めとして己に課していたかのようでもある。

ダントーによるリオタールの描写は、「フレンチ・セオリー」との出会いが、最初の受容から一〇年以上経ったときでさえ、言語化困難な衝撃を伴う現実体験であったことを証言している。ロトランジェが用いた「フレンチ《ハプニング》」という用語が示しているように、それはあたかもある種のカウンター・カルチャー的なアートイベントとして受け止められてしまったのかもしれない[12]。

ロトランジェは、ここで取り上げた二度の渡米において見出されたフランス思想を「フランス非合理主義（French irrationalism）」と形容する[13]。他国から訪れたこの「非合理＝不条理」に対して、「分析的に」言葉を紡ぐこと、対象を言説化してコミュニケーション可能なものにすること、それを擬似‐体系的な思考として理解することが、フランスからの影響を受け形成されたアメリカの思考様式、すなわち「フレンチ・セオリー」の創出につながったのではないだろうか。さらに言えば、この創出に際して施された「図式化」「コンパクト化」あるいは「商品化」といった事態に、「ポストトゥルース」がのちに生じる種が撒かれていたのではないだろうか。マッキンタイアが適切にまとめた「ポストモダニズム」理解においてさえ、すでにポストトゥルースの代理人の姿が現れているようにさえ思えてくる。

2 デリダ「人間科学の言説における構造、記号、遊び」における真理と遊び

「フレンチ・セオリー」と「フランス（現代）思想」のあいだは、おそらくヴェールで仕切られている。その「あいだ」そのものを問うことは困難だが、元とされる思想と形式化されたその受容を比較することはできる。後者はポストトゥルースにおけるポストモダニズム理解と直結している。

ここでは「フレンチ・セオリー」の出発点とみなされる一九六六年のシンポジウムをもとにした論集にある、デリダによる論考「人間科学の言説における構造、記号、遊び」に注目したい。その第一の理由は、キュセの指摘によるものだが、ここで示されたデリダの考えは、シンポジウムから一〇年以上

(10) ダントーによる「芸術作品（art）」の定義は、ノエル・キャロルによって以下のように整理されている。「(1) それは何か〔の主題〕に関するものである。(2) その主題について、作品はなにがしかの態度ないしは観点を投げかける（これについてダントーは、作品はスタイルをもつ、と述べる）。(3) 比喩を用いた省略によってそれをおこなう。(4) その省略は、歴史的理論的なアートワールドの文脈から構成要素を省略することで推理させるものである（ここでの構成要素とは、一般的にはダントーが芸術理論とみなすもののことである）。(5) その省略によって、鑑賞者は、問題となる作品が省略という形で提示する比喩の解釈に参加する。」Noel Carrol, *Beyond Art*, Cambridge University Press, 2003, p. 98.

(11) アーサー・ダントー「アートワールド」西村清和訳、『分析美学基本論文集』、勁草書房、二〇一五年、二六－三〇ページ。

(12) Sylvère Lotringer, "Doing Theory", in *French Theory in America*, p. 140.

(13) Sylvère Lotringer, "Doing Theory", in *French Theory in America*, p. 140-141.

経ったあと、アメリカにおける理論的・実践的な研究における規範的なものとして受容され、構造主義以降のアメリカの批評を先導したものであり、きわめて大きな影響力をもったとされているからである。[14]第二の理由は、のみならずこの論考には、ポストトゥルースの存在を理論的に許容するものとして解釈されかねない主張も見出されるからでもある。

「人間科学の言説における構造、記号、遊び」のテキストは、英語版は先に述べたシンポジウムの論集に収められており、フランス語版は『エクリチュールと差異』に収められている。この論の主眼はレヴィ＝ストロースによる構造主義に対する批判にあり、デリダはそこにおいて、現前性と中心性の概念に基づいた「構造」概念に対して、「遊び＝作用」概念の重要性を主張する。「遊び」は「有限な集合の閉域内における無限の交替の領域」として定義される。[15]つまり「遊び」の領域とは、安定した構造のなかに存在する、冗長的かつ相互に交換可能な要素の集合を指す。構造を中心に据える構造主義的な考えに従うならば、「遊び」の領域は周縁的なものでしかなく、それは構造の中心によって進められる組織化によって失われてしまう。構造の中心性は遊び＝戯れるものの交換や反復を許容しない。つまり中心性を備えた構造において、「遊び」は消失し、不可視のものとなる。

ところで、新しい構造が古い構造にとって変わるとき、個々の構造は安定性を前提としている以上、その変化を説明する原因を、原理上自らのうちにはもちえない。構造変化の原因は外部から来るものとして、つまり「偶然性」や「カタストロフ」として考えられる。だが、突然変異や疾患のメカニズムにみられるように（あるいは民衆動乱のモデルでもよい）、「カタストロフ」を生み出す要因は構造の内部にも存在している。すなわち、「カタストロフ」とは、構造の変化をさしあたり外的な要因によって説明しようとする概念装置であり、しかもそれは完全な外部であるかどうかは疑わしい準‐外的な地平からの働きかけだと考えられる。

「構造」の変化を外的要因によって説明する方法は、デリダによれば「歴史」の否定となる。緩やかで成熟したプロセスを経て成立したかもしれない変化は、構造という考え方を前提にした場合、カタストロフという準‐外的な要因による変化としてしか把握できない。翻って考えるに、デリダにとっての歴史とは、不可視な要素による漸次的かつ微細な変化の集積だと考えられているように思われる。「遊び」とは周縁部において微細な変化を続ける領域のことであり、中心からは不可視でありつつ、構造全体の変化の内在的な原因となりうる。

この「遊び」は、不在と現前とを入れ替える作用でもある。フロイトによる「いないいないばあ」を例として考えてみてもよい。あるものが現前する、あるものが不在である、というだけでは「遊び」にならない。現前と不在の交換や組み合わせ、すなわちある種のリズムや反復強迫が「遊び」を作り出す。

（14）キュセ『フレンチ・セオリー』、第一章一三‐一七ページ、および第五章。
（15）デリダ「人間科学の言説における構造、記号、遊び」『エクリチュールと差異〈新訳〉』所収、合田正人、谷口博史訳、法政大学出版局、二〇一三年、五八五ページ。

顔を出したり隠したりすること、すなわち正と負の刺激の反復を作り出す作用因を通じて、顔の出し入れが「遊び」となる。また、「遊びの可能性を起点にして、現前や不在としての存在を思考すべき」だとデリダが述べるように[16]、現前あるいは不在という存在論的範疇は、あらゆるものに先立つ与件ではない。現前と不在の区別を可能にする見えない交替の力がそれ以前に存在する。現前性と交替の力のこの関係を、「差延」というデリダ独自の概念装置から説明することができる[17]。差異を生み出し続ける力が、個別的現前に先んじて存在して、次々と異なるものを生み出し続ける。だがこの力は、現前したものから遡及的に見出されるしかない。それゆえ、現前するものを要素とした、特定の構造をもつ歴史が構成される。だがすでに述べたように、この構造を中心とした歴史は、構造の変化を準‐外的な要因である「カタストロフ」のようなものに求めざるをえない。

カタストロフの想定はまた、起源を暴力的に措定することとも結びつく。構造の変成は、起源から続くカタストロフの断続的発生として捉えられ、その結果、準‐外的要因によって「本来の」「手付かずの」自然が変質してしまった、という見解が生じる。第一の、本来のものとしての自然を遡及的に探究する欲求がそこから生まれる。デリダはこれを「起源へのノスタルジー」と名付ける[18]。ルソー的、レヴィ＝ストロース的なものと呼ばれるこの「起源へのノスタルジー」は、カタストロフ的介入と同じく、遊びの否定の上に成立する。

このように、「遊び」の抑圧は、構造の中心性を強化し、起源とノスタルジーという形而上学的形象を作り出す。つまり現前を前提とした「構造」は、可視的なものと不可視なものの往還としての「歴史」、すなわち、小さき生の出現と消失からなる内在的な歴史の効力を弱めてしまうリスクがある。デリダはこれを「遊び」の否定的思想だと考える。

だが他方で、それとはまったく異なる肯定的な「遊びの思考」をデリダは示唆する。ニーチェの名の下に語られるこの思考は、ポストトゥルースの正当化に寄与しかねない決定的な一節に見える。

「それに対して、ニーチェの肯定、世界の遊びと生成の無垢の陽気な肯定、誤りも真理も起源もない、能動的解釈に供せられる記号の世界の肯定、こうしたものが遊びの思考のもう一つの側面となるだろう。」(19)

---

(16) デリダ「人間科学の言説における構造、記号、遊び」、五八九ページ。

(17) 「差延」については以下を参照。高橋哲哉『デリダ　脱構築』講談社、二〇〇三年、一〇二‐一〇四ページ。および宮崎裕助『ジャック・デリダ　死後の生を与える』、岩波書店、二〇二〇年（とりわけ第一章）。宮崎はソシュールにおける記号の示差性という考えとデリダによる差延概念の近親性を指摘しているが、これは「人間科学の言説における構造、記号、遊び」のレヴィ＝ストロース批判における「遊び」概念の重要性の指摘と重なる点が多い。静的な構造のなかにダイナミズムが潜在している要素を見出し、そのダイナミズムを無力化する手続きのなかに形而上学の暴力を見るというデリダの関心は「差延」や「原‐エクリチュール」という概念の名のもとで一貫している。

(18) デリダ「人間科学の言説における構造、記号、遊び」、五九〇ページ。

「誤りも真理もない」や「能動的解釈」という表現に注目したい。「遊び」の肯定的な領域では、あらゆる記号が解釈の対象となりえる。すなわち、ある確定された構造のなかで現前する対象を解析することによって得られる「正解」の領域とは別に、不確定で不安定で絶対的な偶然に委ねられた「遊び」の領域が、解釈の対象として存在している。この両者は互いに還元不可能だが、しかし構造の成立において同時に存在している。決定的な解が算出される、言うなれば「真理」の領域と、解釈の「遊び＝戯れ」の領域は、様相的なレベルでは異なりつつ、同じものの両面において（あるいは、異なる解像度において、と言おうか）存在している。ロゴザンスキーの議論を援用するならば、真理の領域と真理を脱構築する領域とが、つねに真理というものを軸にして交互に現れ出る。真理はつねに脱構築可能なものとして現れるが、真理なしには脱構築は存在しえない[20]。

「真理／真実」と異なる地平で存在しうる解釈の多様性を担保するデリダのこの議論は、果たしてポストトゥルースの保証書のひとつなのだろうか？　本論の目的はこうした問いに答えることにあるが、ポストトゥルースというものの正体を炙り出すために、ここで早めに仮の結論を示しておきたい。答えはノーである。解釈の多様性を担保する「遊び」の肯定的思考とポストトゥルースのあいだには根本的な隔たりがある。

3　解釈の不安と信頼の作法

遊びを肯定する思考において、多様な解釈へと導くものは、「絶対的偶然」や「発生論的な不確実性」と名づけられている[21]。複数の解釈が発生する前提として、どのような解釈が現れるかわからないという不確実な状況がある。デリダは、この状況を「出産の不安」と表現しているが、そこから現れるものは「種にあらざるものの種として、怪物性の無言で黙した恐ろしい形なき形としてのみおのれを告知」する存在となる[22]。肯定的な「遊び」の潜在性を蕩尽することは、実のところ怪物を待望することにほかならず、そこにはいかなる安心も存在しない。つまり脱構築には、喜ばしさと共につねに不安がつきまとう。それゆえそれは「人間」という理念さえ保持することはできず、ヒューマニズムとして自己措定することもできない。なぜなら、「人間という名前は［…］充溢した現前、安心を与える基盤、起源と遊

(19)　デリダ「人間科学の言説における構造、記号、遊び」、五九〇ページ。原著 Jacques Derrida, *L'Ecriture et la différence*, Seuil, 1967, p. 427.（引用箇所の一部については引用者が翻訳した。強調は引用者による。）
(20)　ジャコブ・ロゴザンスキー「真理がなければならない　デリダの真理論について」『知のトポス』一五号、宮﨑裕助・桐谷慧訳、二〇二〇年、三五 - 三七ページ。
(21)　デリダ「人間科学の言説における構造、記号、遊び」、五九〇ページ。
(22)　デリダ「人間科学の言説における構造、記号、遊び」、五九一ページ。

びの終焉を夢見てきた存在者の名前[23]」なのだから。あたかもヘーゲルに対抗したキルケゴールのように、脱構築という営為は、構造的な真理の体制に安住できない絶えざる不安から行われる散種として考えられる。

これとは対照的に、「科学」と「政治」の対立として語られることの多いポストトゥルースは、情動ないしは信念に基づく立場の選択にその本質がある。選択において機能する情動として「信頼／安心」を取り上げた理由として、一九八〇年代以降のアメリカ政治がこうした「信頼」形成の情動メカニズムを生み出していたことを簡単に指摘しておこう。それはロナルド・レーガンの時代に本格化したとされる。

ブライアン・マスミの理論的枠組みを借りるならば、合理的な選択にかわる情動ベースの政治的支持を構成する上で主要な役割を果たすのが、政治における「何かを始めつつあること（incipience）」の表明であった（目下流通している日本語に置き換えるなら「やってる感」と訳してもいいのかもしれない）。マスミはかつてのアメリカ大統領ロナルド・レーガンを例に出す。レーガンは途切れ途切れの身振りで、ぎこちなく演説を続ける。だがそれによって、彼はメディアを通じて彼が前進しているという印象を与えることに成功したという。つまり、レーガンは、その細切れの身振りを通じて、彼に逆らうものに抗いながらも前に進んでいくような印象、つまり彼が何かのプロセスの途上にあるという印象を与えることに成功したのである。無能で無内容でしかなかったとされるレーガンが実際のところ何を進めているのかは不明瞭であっても、何かを進めようとしているかに思わせるその態度や身振りの断片から、人々は生のポテンシャルを感じる。「事が進んでいる」という情報を得ることが、ポジティヴな情動を喚起するのである。ここにおいて、同定不可能なものに対する一般的な「信頼／安心」が発生する。こういった情動喚起のメカニズムを利用することで、主張の是非を超えて人々がレーガンを信頼するに至ったとマスミは述べる。つまり、政治においては、科学的根拠に基づく判断および意思決定よりも、「やってる感」を醸成することによる情動喚起の方が効果的な場合があるということであり、とりわけレーガン時代以降、断続的なイメージが次々に繰り広げられるテレビ以降のメディア環境においては、こうした情動喚起の仕組みがますます支配的になったと考えられている。(24)

こうして、レーガン以降の政治は、信頼できる見解を形成する傾向や、不安を感じさせる見解を拒否する傾向を強化させる。信頼の選択と不安の拒否、どちらか片方だけの態度をとる場合もあれば、両方を満たす態度をとる場合もあるだろう。いずれにおいても、不安や停滞感といった情動は忌避され、検証を続けることによって特定の立場を疑う懐疑主義、すなわちいったん自分を不安に置くというプロセスは排除される。

(23) デリダ「人間科学の言説における構造、記号、遊び」、五九〇ページ。(強調は引用者)

(24) Brian Massumi, *Parables for the Virtual*, Duke University Press, 2002, pp. 39–44.

情動重視のこうした傾向に加えて、ポストトゥルースを促進させる要因だと言われるのが、ポストモダニズムによって導入されたと言われる「多視点主義」である。ニーチェの用語で遠近法主義といわれるこの考え方は、視点に応じて事実の解釈がいかようにも変わりうるというものであり、ニーチェに由来してフランス現代思想にまで影響を与えている。この主張は、異なる解釈が視点に応じて複数成立することを唱えるものであり、所与のテキストからその主張と異なる見解を引き出す脱構築的手法も、こうした遠近法主義の一形態であると考えられるであろう。

ところが、デリダの事例においてすでに見たことだが、脱構築においては、脱構築された「解釈」とその由来元となったテキスト、すなわち「真理」とは、つねに緊張関係に置かれている。言い換えれば、ひとたび真理が脱構築されたとしても、脱構築されたものにまた新たに脱構築の余地が生まれるといった具合に、真理と脱構築の「遊び＝戯れ」は永遠に続く。確かに解釈は複数生まれるであろう。だが、そこには原理的に終わりはない。解釈の複数性は、ここでは、無限の解釈の発生可能性を含意している。つまり脱構築とは、真理のあり方をめぐって営まれる徹底的に批判的な試みであり、そこにおいて、到達すべき目標や決定的な着地点などは存在しえない。それは真理の一義的なあり方、「真実はいつもひとつ」という単純かつ常識的な言明を根本から疑うラディカルな懐疑主義である。それゆえ脱構築はつねに「不安」に裏打ちされる。それは「いつまでも遊びつづけていいのか」「いつになったら真理は今までと姿を変えて現れるのか、それとも現れないのか」という問いに苛まされながら続ける「遊び＝戯れ」であり、「遊び」という語義が直観的に与える単純な喜ばしさには収まらないものである（ニーチェが「喜ばしき知」にたどり着いたとして、たどり着くまでにどれほどの苦悩があったか、むしろ結果としてどれほどの苦悩に到達したのかは、ニーチェを読んだ人には理解されるであろう）。極端な話、反証可能性という概念の可能性を最大限に膨らませたある種の科学主義さえそこに見てとることもできるだろう。

だが、ポストトゥルースは、こうした苦悩や漸進的な知的営為を無力化する。真理と脱構築とのあいだのテンションに満ちたやりとりは省略される。ある真理に対して、即座に対抗真理が並置され、真理は信念ないしは信頼に応じた選択の問題となる。こうした対抗真理を、さしあたり虚構的なものと名づけよう。嘘であれ、でっちあげであれ、あるいは場に応じた出まかせ（「ブルシット」）であれ、差し当たり虚構性をもちうるからだ。ポストトゥルースは、真理と虚構のあいだの緊張関係を取り払い、真理の領域を虚構の領域にシームレスに取り込んでしまう。真理とは虚構に包摂された虚構の一形態にすぎない、ということになる。古典的な枠組みで記述するならば、脱構築においてはかろうじて保持されていた真理と虚構との垂直的な関係が、真理が「高みから引きずり下ろされる」ことによって、水平的な、フラットな関係に置かれる（真理が高みにあってそれ以外の虚構を見下ろす、という構図に、ポストトゥルースは我慢がならない。それゆえこの「古典的」な構図は、現状を説明するための適切なものとして機能しないことも多い）。真理は虚構の群れのなかに放り込まれ、簡単には見分けがつかないものとなる。

千葉雅也は、こうした状況を真理から事実への転換が生じたととらえ、ポストトゥルースを異なる

「事実」をめぐる争いとして理解し、結果として世界は事実と別の事実が相争うだけの状況になったと指摘する[25]。事物やスピノザ的な変容身体の偶然的な複数存立可能性を前提としたこの主張は、言うなればば政治的なものの自然化（あるいは自然的なものの政治化、ただし非政治化としてのそれ）を提唱したものだと考えられる。概念の名状や配置は異なるが、本論も事態の把握としては同様の状況を仮構しており、それ自体に特段の異論はない。だが、おそらく狭い意味でのポストトゥルースの問題は、こうした状況において、それでもなお、愚直なまでに政治的ななにかが、あたかもそれのみが「もうひとつの事実」であるかのようにして堂々と割り込んでくる、という事態にあるのではないか。自らを「オルタナティヴ」と名乗る対抗的な「事実」が、自らを「決して「ワンオブゼム」ではないもの」として演出してくる、という事態こそが、ポストトゥルースの問題なのではないか。そこでは、「真実／嘘」というラベルでさえ、二者間の立場の違いを示すためだけに用いられてしまう。

こうした「割り込み」の運動を典型的に示しているのが、たとえば「偽の等価性」という考え方である。日本語で「両論併記」という言葉を聞いたことのある人もいるだろう。「偽の等価性」とは、端的に言えば、そうする必要のない両論併記の要請を指す、いうなれば一種の「レトリック」であり説得術である。それは、ある見解が提出されたとき、それに反する見解を提出することを可能にする手法である。この手法は多くの場合、自身がもつ信念を覆しそうな事実を前に、それを納得できずにいる状態（『ポストトゥルース』では「確証バイアス」と言われている）に置かれた人によって用いられる。ある考えを提出するときには反対の考えも提出すべきだ、とまで考える人さえいる。これによって、確実な、ないしは非常に説得力がある主張に対して、それに対抗する不確定な、場合によってはナンセンスな主張を対置させることができる。これは単なる対置ではない。対置することによって、議論において双方の見解が同等の扱いを受けるべきものであるということが、少なくとも形式的なレベルでは保証されてしまう。極端な話、この手法を用いれば、明白な嘘ないしはナンセンスな主張と、事実あるいは説得性の高い主張とが、同じ価値をもっているように見せかけることができる。それゆえこの論法は、科学的な真理、あるいは、法に適った公正さや社会的常識といった、専門的科学者や法曹家、あるいは常識的な意味で正しく思考し生活を過ごす多くの人に対抗するものである。一度この論法の俎上にあげられると、専門性や法的妥当性を軽視した意見や一般的な意味での非常識な見解に対してさえ、「ひとつの意見」として、それを吟味し検討しなければならないという要請が生じる。科学的な（あるいは法的・常識的な）立場に立つものが自らの知的性質に誠実であればあるほど、対立すべき意見を尊重せねばならないという要請は強いものとなり、結果としてきわめて馬鹿げたことさえ大真面目に検討せねばならない、という事態さえ起こりうる。

こうした「レトリック」には枚挙にいとまがない。冒頭にあげたアメリカ大統領のように、自分の考

---

(25) 千葉雅也、「意味がない無意味」『意味がない無意味』所収、河出書房新社、二〇一八年、一八-三四ページ。

えに属さないものはすべて「フェイクニュース」であると言い放つこともそのひとつだ。だがこのメッセージが、フェイクニュースを絶滅させよ、と言ってはいない点に注目すべきであろう。トランプはフェイキーなものとの対立と闘争を続けることを宣言しているのではないか？　トランプ話法は、すべてをフェイクニュースであると言い切ることによって、フェイクなものに存在を保証し、むしろフェイクニュースを延命させる。その帰結が、もっともフェイキーな存在であるドナルド・トランプの延命につながるものであることは想像に難くない。「あらゆるものがフェイクやフィクションとして係争する世界へようこそ！　さて、あなたはどの「嘘」に投資（invest）しますか？　どれがあなたを快適にしますか？　どれがあなたを安心させますか？　あなたはなにを信頼しますか？」、「信頼」を担保すべく作られた大統領の形象のもとで、トランプはそう問うている。

4 「ポストトゥルース」を生きる

当たり前のことだが、思想が直接伝えられることは滅多にない。それは図式化され、チャート化され、場合によっては商品化されて受容者の側に到着する。発信者との直接的な対話においても、それだけで発信者の思考が十全に伝わり、著作を読む必要がなくなるということは考えられない。こうした作業は、人類の知の伝達を支えてきた不可欠な営為であり、本質的に有益なものであろう。探究に捧げた人生を圧縮して一冊の書とする。異国の体験が圧縮され別の一冊の書となる。他者の思考や生のすべてを追体験することなどできないから、「縮約」としての書物がある。自然科学においても、さまざまな試行錯誤の結果、ひとつの事象や法則がようやく証明ないしは発見されることについて異論はないはずだ。

だが節約には限度がある。過剰な節約は窮乏にも等しい状態を引き起こす。種々の知が蓄えられ、その数千年来の成果を享受できる環境に現代人は生息している。今日、知はサプリメント化され、さまざまな種類のものが棚に並んでいる。無駄な成分は排除されているだろう。即座に栄養は体内に取り込まれるであろう。だが味はない。結局のところ味は人類に必要なのだろうか?と問わねばならない。

ポストトゥルースという状況は図式化する知性が生み出した弊害とも言える。もちろん図式化は知性の本質的な働きであり、理論や書物もそうした成果のひとつである。今日であれば行動パターンの解析やライフログなどもそうした範疇に数え入れることができるだろう。かつて対象についてのみそれを計測し予測統御する手法であった解析技術は、いまや行動する主体の側を対象にして、自分たちがどういう存在であるかについての情報を示し始めている。Amazon の「この商品をチェックした人はこんな商品もチェックしています」という文句のなかの「こんな商品も」という一節、とりわけ「も」という助詞にかかる負荷を考えてみればいい。そこには、データから示される解析結果の表示にとどまらない、次の購買行為への誘発が含まれているのではないだろうか?　このささやかな一文を通じて、わたしたちは解析対象から行動を操作される対象へとシームレスに変化させられているのである。

ポストトゥルースに戻ると、それは「公共の意見を形成する際に、客観的な事実よりも感情や個人的な信念に訴える方が影響力のある状況を説明するないしは表すもの」として定義されていた。もっとも顕著な事例は、科学的な「真理」に基づく提言に対して、「政治的な」立場からそれを無化しようとする対立であり、そこにおいてポストモダニズムの解釈学的論理が濫用されていたというのがポストモダニズム批判の大元にあった。「正しさ」が度外視された結果、議論は異なる論理同士の相容れない対立となり、少なくとも見かけの合理性において等価である以上、情動ないしは信念にもとづく意見の側が多数派を形成しやすい、ということになる。ここでは「公共」という枠組みも機能している。公共における意見の形成は、多くの場合「党派」を通じて行われる。言い換えれば、わたしたちの情動や信念が、党派的な立場に包摂される、ということだ。そうしてそれは、これまた多くの場合、「右派」「左派」や「保守」「革新」という、どうにもキッパリした二者択一の選択肢のなかに囲い込まれる。あなたはAですか？　Aではない……ならばBなのですね？というわけだ。

だが、考えてほしい。わたしたちの「信念」ないしは「情動」は、それほどゆるぎなく二項対立のなかに落とし込まれてしまうものだろうか？　信念や、とりわけ情動は、もっとも個別的な、個人的なものであったはずだ。つまり、「死にたくない」「お腹が空いたときにはなにか食べる物があった方がいい」という情動や信念と、「会社に行かないと給料がもらえない」「自分が稼いだ分が誰かに横取りされている」という情動や信念のあいだには、根本的な違いがある。後者の情動や信念には、社会的な状況や要因が否応なしに入り込んでいる。そこにおいて情動や信念は、必要以上に社会的なものに媒介されてしまっている。あらゆる情動に社会的な要素が入り込んでいることは否定できないし、その形成自体が、社会生活を営む人間にとって必然的なものであることは否定しない。だが、まさしくポストトゥルースは、特定の状況から形成されたものでしかない「信念」や「情動」を、人を集団として駆動させる根本的かつ直接的な契機にしようとする。ゆえに「不安」は解消されねばならない。これ以上疑いようのない何かをベースにわたしたちは「同意形成」しているという状況を、ポストトゥルースは作り出そうとする。

本論を終えるにあたり、さしあたりの結論として、ポストトゥルースへの動員を逃れるための対策を考えてみよう。

対策のひとつは、信念ないしは情動を「デトックス」することだ。自らの信念や情動の存在に気づいたとき、それを作っている外的な——つまり社会や状況からなる——要因の影響をなるべく差し引いて考えることだ。それは自分の「リアクション」の仕方をもう一度吟味してみることであり、言葉のその十全な意味において「わがまま」になることであり、ひいてはきわめて理不尽かつ単純な力を発揮する情動というものを、その発生の時点から眺め、可能ならば「解剖」することである。形成されてきたものを疑う「脱構築」的な知性は、そこではこの上なく有効に機能するはずだ。それは、解釈の不安を通して、わたしたちを動かす理不尽な力の存在とその強さを知ることである。わたしたちは、より自由に、より自分のことを大切にするために、自身を構成してきたものを、ひとつひとつ剝がして、もう一度自分を組み換えることができる。これは出発点を作り直す試みだと言えるだろう。

情動の再構成が情報の再発見を促す。レーガンの事例からもわかるように、今日では情動の伝達それ自体が共感にもとづく同意形成の手段となる。極端な場合、情報は最低限でいいということになる。つまりポストトゥルースとは情動が情報を覆い遮ってしまうことであり、それを打開するためには、情報(＝真理)を情動(＝政治)から守りつつ、両者の新たな関係を発明する必要がある。情報自体(intelligence)がすぐれて知的なものであることを考えれば、知性を根源的な正の情動と結びつけるスピノザ主義は、有益な視座をもたらすかもしれない。具体的な提言は紙幅の都合で断念するが、それ自体が喜びであるような能動的で知的な生を構築する思考と技術が求められている。

別の側面から見れば、ニーチェもまた、学ぶことがもたらす自発に賭けていたのである。

「わたしは歩くことを学びおぼえた。それ以来、わたしは自分の足が軽やかに歩いてゆくのにまかせている。わたしは飛ぶことをおぼえた。それ以来、わたしはひとに押されてから動き出すことを好まない。」(ニーチェ『ツァラトゥストラ』手塚富雄訳、中公文庫、一九七三年、八四ページ)

参考文献一覧（日本語で読めるポストトゥルース関係の文献も含む）

1　日本語文献

大橋完太郎「「ポスト・トゥルース」試論　現象と構造」、『美学芸術学論集』第一五号、神戸大学文学部芸術学研究室、二〇一九年、五-五〇頁。

――「ポストトゥルース試論2020 ver.1.0　「真実以後」を思考する（ための）哲学」『現代思想』四八巻一号、青土社、二〇二〇年一月、一五〇-一六〇頁。

金森修『サイエンスウォーズ』東京大学出版会、二〇〇〇年。

高橋哲哉『デリダ　脱構築』講談社、二〇〇三年。

千葉雅也『意味がない無意味』河出書房新社、二〇一八年。

西村清和（編・監訳）、『分析美学基本論文集』勁草書房、二〇一五年。

蓮實重彥「「ポスト」をめぐって」、『新潮』新潮社、二〇一九年二月号、一二九-一四九頁。

宮﨑裕助『ジャック・デリダ　死後の生を与える』岩波書店、二〇二〇年。

2　日本語文献（翻訳書）

カクタニ（ミチコ）『真実の終わり』岡崎玲子訳、集英社、二〇一九年。

キュセ（フランソワ）『フレンチ・セオリー』桑田光平ほか訳、ＮＴＴ出版、二〇一〇年。

ソーカル（アラン）、ブリクモン（ジャン）『知の欺瞞　ポストモダン思想における科学の濫用』田崎晴明ほか訳、岩波現代文庫、二〇一二年。

ダントー（アーサー）「アートワールド」西村清和訳、『分析美学基本論文集』勁草書房、二〇一五年。

デリダ（ジャック）『エクリチュールと差異〈新訳〉』合田正人・谷口博史訳、法政大学出版局、二〇一三年。

ブーヴレス（ジャック）『アナロジーの罠　フランス現代思想批判』宮代康丈訳、新書館、二〇〇三年。

ポパー（K・R）『科学的発見の論理上・下』大内義一・森博訳、恒星社厚生閣、一九七一年。

リオタール（ジャン＝フランソワ）『ポスト・モダンの条件』小林康夫訳、書肆風の薔薇、一九八六年。

ロゴザンスキー（ジャコブ）「真理がなければならない　デリダの真理論について」宮崎裕助・桐谷慧訳、『知のトポス』第一五号、新潟大学大学院現代社会文化研究科、二〇二〇年、三五－三七頁。

3　外国語文献

Alain Badiou, *TRUMP*, p.u.f., 2020.
Charles Bernstein, Arthur Danto, Richard, Foreman, Sylvère, Lotringer, Annette Michelson, “Beyond Sense and Nonsense: Perspectives on the Ontological at 30”, *Theater* (1997) 28(1), Duke University Press, 22-34.
Noël Carrol, *Beyond Aesthetics*, Cambridge University Press, 2001.
Angela Condello and Tiziana Andina (eds.), *Post-Truth, Philosophy and Law*, Routledge, 2019.
Sylvère Lotringer and Sande Cohen (eds.), *French Theory in America*, Routledge, 2001.
Richard Macksey and Eugenio Donato (eds.), *The Structuralist Controversy: the Language of Criticism and the Sciences of Man*, Johns Hopkins Univ. Pr., 1972.
Brian Massumi, *Parables for the Virtual*, Duke University Press, 2002.

訳者あとがき

本書は、リー・マッキンタイア（Lee McIntyre）による著作『ポストトゥルース（POST-TRUTH）』の日本語訳である。原著は二〇一八年に、マサチューセッツ工科大学出版局（MIT Press）からシリーズ「基礎知識（Essential Knowledge）」内の一冊として刊行されている。

著者リー・マッキンタイアは一九六二年にポートランドで生まれ、米国ウェズレイアン大学を卒業後、ミシガン大学で修士号、博士号を取得。専門は科学哲学、とりわけ自然科学と社会科学に関する哲学で、科学的探究やその成果と社会との関係を主な対象としている。現在はボストン大学の哲学・社会科学センターの研究員およびハーバード・エクステンション・スクール倫理学講師を務めている。多数の著書があるが、単著刊行物としては *Laws and Explanation in the Social Sciences: Defending a Science of Human Behavior*,（Boulder, Colo.: Westview Press, 1996.）, *Dark Ages: The Case for a Science of Human Behavior*,（Cambridge: MIT Press, 2006.）, *Respecting Truth: Willful Ignorance in the Internet Age*,（New York: Routledge, 2015.）, *The Scientific Attitude: Defending Science From Denial, Fraud, and Pseudoscience*,（Cambridge: MIT Press, 2019）などがあり、ほかにも共編著として *Philosophy of Science: A Contemporary*

Introduction, 4th edition. (Co-author with Alex Rosenberg, Duke University, New York: Routledge Publishers, 2019)、さらに小説 *The Sin Eater*, (Los Angeles, Braveship Books, 2019) も発表している。

『ポストトゥルース』はマッキンタイアの四冊目の著作であり、刊行以来、アメリカおよびカナダのアマゾンでベストセラーとなり、アメリカの公共放送『PBSニュースアワー』による二〇一八年ベストブックにノミネートされ、また台湾を含めた六ヶ国語で翻訳書の刊行が予定されているなど、北米圏のみならず広く世界から注目を集めている。

本文を一読した人ならおわかりのように、「ポストトゥルース」は近年生じた差し迫った問題として考察されている。だが著者は、この問題を突然発生したまったく新しいものだと考えているわけではない。マッキンタイアは「ポストトゥルース」をアメリカ合衆国における歴史的な生成物として捉え、インターネットによってメディアの体制が変容する以前から、同様の現象が萌芽的に存在していたという前提のもとで議論を進める。本書の学術的な意義のひとつはこの点にある。つまり「ポストトゥルース」と呼ばれる現象の発生と問題点、および解決策を解明するためには、「トゥルース（＝真理／真実）」に関する哲学的・科学的概念を理論的な水準で検討するだけは十分ではないと考えられているのである。マッキンタイアはキータームのひとつとして「科学的なものの否定（science denial）」という観点を提示するが、これは科学的成果に対して政治体や社会が示す態度のひとつのあり方を示す概念である。つまり、本書の試みは、科学的な成果とその受容やそれに対する抵抗、あるいはそうしたことを述べる言説のメディア展開を広範に捉えることがその基礎となっている。本書は、科学社会学的な視座から諸現象を配置することによって、「ポストトゥルース」が形成されるプロセスを明らかにするものであり、そこでは散逸していた数々の現象が、ひとつの「エピステーメ（＝特定の時代に固有の考え方）」を形成するものとして描写される。現在進行中の歴史のひとつの、だがきわめて特徴的な側面を活写した、稀有かつ刺激的な試みである。

本書の構成について簡単に紹介しておく。序文において、「ポストトゥルース」という現象のポイントは

「真実」に対する政治の問題、とりわけその軽視やそれに対する異議申し立てにあることが提示されたのち、第一章では「ポストトゥルース」という語が注目された経緯と、その定義が示され、今日のトランプ政権が「ポストトゥルース」を体現する存在であることが示唆される。とりわけ問題とされているのは、「公共の意見を形成する際に、客観的な事実よりも感情や個人的な信念に訴える方が影響力のある状況を説明するないしは表すもの」というポストトゥルースの定義から帰結する政治的体制がもたらすリスクである。事実＝真実を軽視する態度が、政治的にいかなるメリットを生み、人々の生活的にいかなるリスクを生み出しうるのかという点をマッキンタイアは強調している。

第二章はポストトゥルースのひとつの特徴である「科学的なものの否定」を題材としている。この態度が、一九五〇年代から始まる歴史的なものであり、タバコ産業の擁護、あるいは環境保護への反対のための政府側からの反駁手段として戦略的に用いられてきたものであることが説明される。

第三章は「ポストトゥルース」を生み出す遠因のひとつとして、人間の生得的な心理機能に注目している。とりわけ一九五〇年以降のアメリカの心理学において、判断の形成において信念が果たす役割の大きさがさまざまな「認知バイアス」を生み出したことが述べられ、とりわけ近年の「バックファイアー効果」「ダニング＝クルーガー効果」という二つの実験結果が重要なものとして捉えられている。こうした認知バイアスが、近年のメディア環境によってますます増幅させられていると結論づけられる。

第四章は、各人が信条や信念をますます強める要因としてあげられるメディア環境の変化を取り上げている。一九七〇年代後半から一九八〇年代にかけて起こったニュース番組の変容（客観的な情報の提示から、聴衆の政治的思考に合わせた番組編成の成立へと至る経緯）を追うことで、一九九〇年代以降のインターネットメディアの誕生とそこにおける政治的偏りの原因が歴史的に説明可能になる。のみならずそうした偏向したメディア状況においては、前の第二章で述べた「科学的なものの否定」が大きな影響力を持っていたことも指摘される。

第五章は、一九九〇年代以降のインターネットメディアの発展と、それに伴う「フェイクニュース」の流布という現象を分析対象としている。だがここでもフェイクニュースの起源はインターネットという新しい装置に単純に帰せられるわけではない。マッキンタイアはフェイクニュースの政治的利用の初期の例を一八四〇年代のアメリカに見つけ、それがジャーナリズムの誕生以来付随する問題であると説明する。メディアが無償で真実を述べるという状況自体が、歴史から見ると稀な瞬間でしかなかったのかもしれないというマッキンタイアの指摘は、今日の状況においてわたしたちに大きな反省を促すものであろう。メディアが本来もっていたかもしれない偏向性が、今日ツイッターなどのソーシャルメディアによってますます大きなものになっていることが、多くの例を参照しながら説明されている。

第六章では、今まで述べてきたような「ポストトゥルース」的状況が、アカデミアを中心に広がったある種の「知」によって促進させられてきた可能性について検討がおこなわれる。マッキンタイアがここで取り上げる「知」とは、今日の日本で「ポストモダン／ポストモダニズム」と言われている思想である。この章ではとりわけ、ソーカル事件に代表される「サイエンス・ウォーズ」において、科学的なものとポストモダン哲学の対立（および科学者から見たその「擬似科学性」）が決定的となり、結果として、ポストモダン哲学が本来の体制批判的な動機から離れて、科学的なものを否定する右派的な立場によって利用されるに至った経緯が説明される。トランプを擁護するインフルエンサーであるセルノヴィッチに見え隠れするポストモダン思想の姿も同じ意味で注目に値するものとなる。

最終の第七章においては、今まで述べられてきた「ポストトゥルース」の多様な側面に対して、どのような対抗策をとるべきかが考察される。マッキンタイアは、信念や政治的党派性が言説の価値を決定づけかねないこうした状況を「前真理」と述べ、ポストトゥルースのもつ超近代性と前近代性を同時に摘出する。こうした傾向に対する「真理」「事実」の価値を担保するものは、ただ「現実」しかないということが仮の結論となる。「真理」に立脚しない「現実」の脆さや危うさ、そのリスクを考えることが、さしあたりのポストトゥルースへの対抗策として考えられているのである。

本書全体を概観してまず見えてくるのは、著者マッキンタイアの質量ともに高いレベルで行われた調査の広範さと、それに対する確かな批評的考察であろう。一九五〇年代以降の科学、ソーシャルサーエンス、哲学、そうしてメディアの歴史が入り組んだところに成立する「ポストトゥルース」という産物の生成を、本書はきわめて鮮明に描き出している。この複雑な手法を可能にしたのは、マッキンタイアがキャリアのうちで獲得してきた科学史・科学受容史の方法であるように思われる。同時に、著者のこうした議論においては、政治家へのインタビューや科学論文、あるいは歴史的事件に対する報告文書など、レベルの異なる数々の言説が折り合わされることによって、ひとつの「概念」の生成が理解される仕組みとなっている。こうした議論の展開のなかに、ミシェル・フーコーの「考古学／系譜学」や、あるいはイアン・ハッキング流の科学史的方法論を見出す人もいるであろう。本書は、きわめてコンパクトでありながらも、ひとつの概念をピン留めする方法を模範的に示しているという意味で、「基礎知識」シリーズにふさわしいものだと言えるかもしれない。本書の議論が科学史や科学社会学の専門家にとっていかなる風に捉えられるのかも興味深い。

なお、本書後半部で述べられているポストトゥルースとポストモダン思想との関係についての記述は、日本における一九八〇年代前後からの思想的展開の影響を受けた世代にとって、若干耳の痛いところもあるかもしれない。とはいえ、二〇二〇年も越えてなおもどこかで展開され続けている「ポストモダン哲学の責任論」については、短絡的な結論を許容しないものがあるのではないだろうか。その点については、本書の最後部に大橋が附論をつけることで、ささやかながら「フランス現代思想」側からの問題提起をおこなった。文献に基づく知である人文知（humanity）の価値を、科学的なものを前にして、それを否定することなく、レトリックに陥ることなく、しかも当の「科学」によっても価値づけられる仕方で成立させることが可能なのかという問題は、単なる理系・文系争いにとどまるものでもなければ、大学における政治的な問題に収まるものでもなく、今後の人間が自らの知性を磨き上げ応用していくことに本質的に関わる問題ではないだろうか。

翻訳の担当箇所について記しておく。序文および第一章は大橋が、第二章と第三章は西橋卓也が、第四章・第五章は大﨑智史が、第六章・第七章は居村匠が担当した。参考文献は西橋が担当し、最終的に大橋が全面的に統一作業をほどこした。最終的な責任は監訳者である大橋に帰する。

最後に、本書の企画を後押ししていただき、困難な翻訳・校訂作業においても最後までわたしたちを励まし、完成にまで導いてくれた、人文書院の松岡隆浩さんにも、訳者を代表して心からのお礼を述べたく思う。アメリカ大統領選を見据えた出版の試みであったが、コロナウィルスの世界的流行に際して、科学的知見と政治的見解のあいだで日々の生活が左右される状況を世界中の人間が経験した今日において、科学的専門性と政治的実践の緊張関係から提示される方針がどの程度「真実」を踏まえたものであるのか、あるいは科学的な「真実」と政治・経済的な「情勢」とのあいだでどのような生存を模索すればいいのかなど、真実とその周辺をめぐって展開されるポストトゥルース的状況は、今日においてますます重要な検討事項となっているのではないか。「意思決定」をめぐる様々な機会に対しても、本書の議論は数多くの示唆を与えてくれるに違いない。

二〇二〇年七月　訳者を代表して

大橋　完太郎

Theorist Who Fueled 'Pizzagate' for His Reporting." *Business Insider*, April 4, 2017.

Taylor, Adam. "Trump Loves a Conspiracy Theory: Now His Allies in the Fringe Media Want Him to Fall for One in Syria." *Washington Post*, April 7, 2017.

Thaler, Richard. *Misbehaving: The Making of Behavioral Economics.* New York: Norton, 2015.（リチャード・セイラー『行動経済学の逆襲』遠藤夏美訳、早川書房、2016年）

Trivers, Robert. *The Folly of Fools: The Logic of Deceit and Self-Deception in Human Life.* New York: Basic Books, 2011.

Trump, Donald, with Tony Schwartz. *The Art of the Deal.* New York: Random House, 1992.（ドナルド・トランプ、トニー・シュウォーツ『トランプ自伝 不動産王にビジネスを学ぶ』相原真理子訳、ちくま文庫、2008年）

Viner, Katharine. "How Technology Disrupted the Truth." *Guardian*, July 12, 2016. (https://www.theguardian.com/media/2016/jul/12/how-technology-disrupted-the-truth)

Warner, Judith. "Fact-Free Science." *New York Times Magazine*, Feb. 25, 2011.

Wason, P. C. "On the Failure to Eliminate Hypotheses in a Conceptual Task." *Quarterly Journal of Experimental Psychology* 12 (1960): 129–140.

Westen, Drew, et al. "Neural Bases of Motivated Reasoning: An fMRI Study of Emotional Constraints on Partisan Political Judgment in the 2004 U.S. Presidential Election." *Journal of Cognitive Neuroscience* 18, no. 11 (Nov. 2006): 1947–1958.

Wingfield, Nick, Mike Isaac, and Katie Benner. "Google and Facebook Take Aim at Fake News Sites." *New York Times*, Nov. 14, 2016.

Woolf, Christopher. "Back in the 1890s, Fake News Helped Start a War." *Public Radio International*, Dec. 8, 2016. (https://www.pri.org/stories/2016-12-08/long-and-tawdry-history-yellow-journalism-america)

Schudson, Michael. *Discovering the News: A Social History of American Newspapers.* New York: Basic Books, 1973.

Seelye, Katharine. "Newspaper Circulation Falls Sharply." *New York Times*, Oct. 31, 2006.

Shane, Scott. "From Headline to Photograph, a Fake News Masterpiece." *New York Times*, Jan. 18, 2017.

Shear, Michael. "What Trump's Time Interview Shows about His Thinking." *New York Times*, March 23, 2017.

Shermer, Michael. *The Believing Brain.* New York: Times Books, 2011.

Silberman, G. 1993. "Phil Johnson's Little Hobby." *Boalt Hall Cross-Examiner* 6, no. 2 (1993): 1, 4, 9-10.

Snyder, Timothy. *On Tyranny: Twenty Lessons from the 20th Century.* New York: Tim Duggan Books, 2017.（ティモシー・スナイダー『暴政　20世紀の歴史に学ぶ20のレッスン』池田年穂訳、慶應義塾大学出版会、2017年）

Sokal, Alan. "A Physicist Experiments with Cultural Studies." *Lingua Franca* (May-June 1996).

Sokal, Alan. "Transgressing the Boundaries: Toward a Transformative Hermeneutics of Quantum Gravity." *Social Text* 46-47 (spring-summer 1996): 217-252.

Soll, Jacob. "The Long and Brutal History of Fake News." *Politico*, Dec. 18, 2016. (http://www.politico.com/magazine/story/2016/12/fake-news-history-long-violent-214535.)

Specter, Michael. *Denialism: How Irrational Thinking Hinders Scientific Progress, Harms the Planet, and Threatens Our Lives.* New York: Penguin, 2009.

Stanley, Jason. *How Propaganda Works. Princeton*, NJ: Princeton University Press, 2015.

Subramanian, Samantha. "Inside the Macedonian Fake-News Complex." *Wired*, Feb. 15, 2017.

Sunstein, Cass. *Infotopia: How Many Minds Produce Knowledge.* Oxford: Oxford University Press, 2006.

Tani, Maxwell. "Some of Trump's Top Supporters Are Praising a Conspiracy

Identity Threat in the Prevalence of Misperceptions." February 24, 2017. (https://www.dartmouth.edu/~nyhan/opening-political-mind.pdf)

Nyhan, Brendan, and Jason Reifler. "When Corrections Fail: The Persistence of Political Misperceptions." *Political Behavior* 32, no. (2) (June 2010): 303-330.

Ohlheiser, Abby, and Ben Terris. "How Mike Cernovich's Influence Moved from the Internet Fringes to the White House." *Washington Post*, April 7, 2017.

Oreskes, Naomi, and Erik Conway. *Merchants of Doubts: How a Handful of Scientists Obscured the Truth on Issues from Tobacco Smoke to Global Warming*. New York: Bloomsbury, 2010.（ナオミ・オレスケス、エリック・M・コンウェイ『世界を騙しつづける科学者たち　上・下』福岡洋一訳、楽工社、2011年）

Pennock, Robert. "The Postmodern Sin of Intelligent Design Creationism." *Science and Education* 19 (2010): 757-778.

Perez-Pena, Richard. "Newspaper Circulation Continues to Decline Rapidly." *New York Times*, Oct. 27, 2008.

Pew Research Center. "State of the News Media 2016: Newspapers Fact Sheet" (June 15, 2016). (http://assets.pewresearch.org/wp-content/uploads/sites/13/2016/06/30143308/state-of-the-news-media-report-2016-final.pdf)

Pierson, David. "Facebook Bans Fake News from Its Advertising Network——but not Its News Feed." *Los Angeles Times*, Nov. 15, 2016.

Quine, W. V. O., and J. S. Ullian. *The Web of Belief*. New York: McGraw Hill, 1978.

Rabin-Havt, Ari. *Lies, Incorporated: The World of Post-Truth Politics*. New York: Anchor Books, 2016.

Redlawsk, David, et al. "The Affective Tipping Point: Do Motivated Reasoners Ever 'Get It'?" *Political Psychology* 31, no. 4 (2010): 563-593.

Resnick, Gideon. "Trump's Son Says Mike 'Pizzagate' Cernovich Deserves a Pulitzer." *The Daily Beast*, April 4, 2017. (http://www.thedailybeast.com/trumps-son-says-mike-pizzagate-cernovich-deserves-a-pulitzer)

Samuel, Alexandra. "To Fix Fake News, Look to Yellow Journalism." *JStor Daily*, Nov. 29, 2016. (https://daily.jstor.org/to-fix-fake-news-look-to-yellow-journalism/)

Times, Nov. 20, 2016.

Manjoo, Farhad. *True Enough: Learning to Live in a Post-Fact Society*. Hoboken, NJ: Wiley, 2008.

Marantz, Andrew. "Trolls for Trump: Meet Mike Cernovich, the Meme Mastermind of the Alt-Right." *New Yorker*, Oct. 31, 2016.

Marche, Stephen. "The Left Has a Post-Truth Problem Too: It's Called Comedy." *Los Angeles Times*, Jan. 6, 2017.

Marcus, Ruth. "Forget the Post-Truth Presidency: Welcome to the Pre-Truth Presidency." *Washington Post*, March 23, 2017.

Marusak, Joe. "Fake News Author Is Fired; Apologizes to Those Who Are 'Disappointed' by His Actions." *Charlotte Observer*, Jan. 19, 2017.

McIntyre, Lee. "The Attack on Truth." *Chronicle of Higher Education*, June 8, 2015.

McIntyre, Lee. *Dark Ages: The Case for a Science of Human Behavior*. Cambridge, MA: MIT Press, 2006.

McIntyre, Lee. *Respecting Truth: Willful Ignorance in the Internet Age*. New York: Routledge, 2015.

Mercier, Hugo, and Daniel Sperber. "Why Do Humans Reason? Arguments for an Argumentative Theory." *Behavioral and Brain Sciences* 34, no. 2 (2011): 57–111.

Meyer, Robinson. "The Rise of Progressive 'Fake News.'" *Atlantic*, Feb. 3, 2017.

Mooney, Chris. "Once and For All: Climate Denial Is Not Postmodern." DeSmog Blog.com, Feb. 28, 2011. (https://www.desmogblog.com/once-and-all-climate-denial-not-postmodern)

Mooney, Chris. *The Republican Brain: The Science of Why They Deny Science — And Reality*. Hoboken, NJ: Wiley, 2012.

Mooney, Chris. *The Republican War on Science*. New York: Basic Books, 2005.

Nichols, Tom. *The Death of Expertise: The Campaign against Established Knowledge and Why It Matters*. Oxford: Oxford University Press, 2017.（トム・ニコルズ『専門知は、もういらないのか　無知礼讃と民主主義』高里ひろ訳、みすず書房、2019年）

Nyhan, Brendan and Jason Reifler. "The Roles of Information Deficits and

Kruger, Justin, and David Dunning. "Unskilled and Unaware of It: How Difficulties in Recognizing One's Own Incompetence Lead to Inflated Self-Assessments." *Journal of Personality and Social Psychology* 77, no. 6 (1999): 1121–1134.

Kuklinski, James, Paul J. Quirk, Jennifer Jerit, David Schwieder, and Robert F. Rich. "Misinformation and the Currency of Democratic Citizenship." *Journal of Politics* 62, no. 3 (Aug. 2000): 790–816.

Kurtzleben, Danielle. "With 'Fake News,' Trump Moves from Alternative Facts to Alternative Language." *NPR*, Feb. 17, 2017. (http://www.npr.org/2017/02/17/515630467/with-fake-news-trump-moves-from-alternative-facts-to-alternative-language)

Latour, Bruno. "Why Has Critique Run out of Steam? From Matters of Fact to Matters of Concern." *Critical Inquiry* 30 (winter 2004): 225–248. 〔ブルュノ・ラトゥール「批判はなぜ力を失ったのか」伊藤嘉高訳、『エクリヲ』12号、2020年、198–229頁〕

Lawrence, Jeff. "Communique Interview: Phillip E. Johnson." *Communique: A Quarterly Journal* (spring 1999).

Levitin, Daniel J. *Weaponized Lies: How to Think Critically in the Post-Truth Era.* New York: Dutton, 2016.

Longino, Helen. *Science as Social Knowledge: Values and Objectivity in Scientific Inquiry.* Princeton, NJ: Princeton University Press, 1990.

Lynch, Conor. "Trump's War on Environment and Science Are Rooted in His Post-Truth Politics — and Maybe in Postmodern Philosophy." *Salon*, April 1, 2017. (http://www.salon.com/2017/04/01/trumps-war-on-environment-and-science-are-rooted-in-his-post-truth-politics-and-maybe-in-postmodern-philosophy/)

Lynch, Michael. *In Praise of Reason.* Cambridge, MA: MIT Press, 2012.

Lynch, Michael. *True to Life: Why Truth Matters.* Cambridge, MA: MIT Press, 2004.

Macur, Juliet. "Why Do Fans Excuse the Patriots' Cheating Past?" *New York Times*, Feb. 5, 2017.

Maheshwari, Sapna. "How Fake News Goes Viral: A Case Study." *New York*

False Information about Threats." *Los Angeles Times*, Feb. 2, 2017.

Higgins, Andrew, Mike McIntire, and Gabriel J. X. Dance. "Inside a Fake News Sausage Factory: 'This Is All about Income." *New York Times*, Nov. 25, 2016.

Hoggan, James, and Richard Littlemore. *Climate Cover-Up: The Crusade to Deny Global Warming*. Vancouver: Greystone, 2009.

Jones, Andrew. "Want to Better Understand 'Post-Truth' Politics? Then Study Postmodernism." *Huffington Post*, Nov. 11, 2016. (http://www.huffingtonpost.co.uk/andrew-jones/want-to-better-understand_b_13079632.html)

Joyce, Christopher. "Rising Sea Levels Made This Republican Mayor a Climate Change Believer." *NPR*, May 17, 2016. (http://www.npr.org/2016/05/17/477014145/rising-seas-made-this-republican-mayor-a-climate-change-believer)

Kahan, Dan M. "Climate-Science Communication and the Measurement Problem." *Advances in Political Psychology* 36 (2015): 1-43.

Kahan, Dan M., et al. "Cultural Cognition of Scientific Consensus." *Journal of Risk Research* 14 (2011): 147-174.

Kahneman, Daniel. *Thinking Fast and Slow*. New York: Farrar, Straus & Giroux, 2011. (ダニエル・カーネマン『ファスト&スロー　あなたの意思はどのように決まるか？　上・下』村上章子訳、早川書房、2014年)

Kanai, Ryota, Tom Feilden, Colin Firth, and Geraint Rees. "Political Orientations Are Correlated with Brain Structure in Young Adults." *Current Biology* 21, no. 8 (April 26, 2011): 677-680.

Kessler, Glenn, and Ye Hee Lee Michelle. "President Trump's Cascade of False Claims in Time's Interview on His Falsehoods." *Washington Post*, March 23, 2017.

Keyes, Ralph. *The Post-Truth Era: Dishonesty and Deception in Contemporary Life*. New York: St. Martin's, 2004.

Khazan, Olga. "Why Fake News Targeted Trump Supporters." *Atlantic*, Feb. 2, 2017.

Koertge, N. (ed.) *A House Built on Sand: Exposing Postmodernist Myths About Science*. Oxford: Oxford University Press, 2000.

Koppel, Ted. "Olbermann, O'Reilly and the Death of Real News." *Washington Post*, Nov. 14, 2010.

リー・G・フランクファート『ウンコな議論』山形浩生訳、ちくま学芸文庫、2016年）
Frankfurt, Harry. *On Truth*. New York: Knopf, 2006.（ハリー・G・フランクファート『真実について』山形浩生訳、亜紀書房、2018年）
Gabler, Neal. “Donald Trump Triggers a Media Civil War.” *billmoyers.com* (blog), March 25, 2016. (http://billmoyers.com/story/donald-trump-triggers-a-media-civil-war/).
Gandour, Ricardo. “Study: Decline of Traditional Media Feeds Polarization.” *Columbia Journalism Review*, Sept. 19, 2016. (https://www.cjr.org/analysis/media_polarization_journalism.php).
Gibbs, Nancy. “When a President Can't Be Taken at His Word.” *Time*, April 3, 2017.
Giere, Ronald. *Understanding Scientific Reasoning*. New York: Harcourt, 1991.
Gottfried, Jeffrey and Elisa Shearer, “News Use Across Social Media Platforms 2016.” Pew Research Center, May 26, 2016.
Graves, Lucas. *Deciding What's True: The Rise of Political Fact-Checking in American Journalism*. New York: Columbia University Press, 2016.
Gross, Paul, and Norman Levitt. *Higher Superstition: The Academic Left and Its Quarrels with Science*. Baltimore: Johns Hopkins University Press, 1994.
Gross, P., N. Levitt, and M. W. Lewis (eds.) *The Flight from Science and Reason*. New York: New York Academy of Sciences, 1996.
Gunther, Marc. “The Transformation of Network News.” *Nieman Reports*, June 15, 1999. (http://niemanreports.org/articles/the-transformation-of-network-news/).
Halberstam, David. *The Powers That Be*. Urbana: University of Illinois Press, 2000.（デイヴィッド・ハルバースタム『メディアの権力 全四巻』筑紫哲也、東郷茂彦訳、朝日文庫、1999年）
Hansen, James. “The Threat to the Planet.” *New York Review of Books*, July 13, 2006. (http://www.nybooks.com/articles/2006/07/13/the-threat-to-the-planet/)
Hansen, James. *Storms of My Grandchildren*. New York: Bloomsbury, 2009.
Healy, Melissa. “Why Conservatives Are More Likely Than Liberals to Believe

Worrying about Politics.'" *Guardian*, Feb. 12, 2017. (https://www.theguardian.com/science/2017/feb/12/daniel-dennett-politics-bacteria-bach-back-dawkins-trump-interview).

Calcutt, Andrew. "The Truth about Post-Truth Politics." *Newsweek*, Nov. 21, 2016.

Coll, Steve. *Private Empire: ExxonMobil and American Power.* New York: Penguin, 2012. (スティーヴ・コール『石油の帝国　エクソンモービルとアメリカのスーパーパワー』森義雅訳、ダイヤモンド社、2014年)

Collin, Finn. *Science Studies as Naturalized Philosophy.* Synthese Library Book Series, vol. 348. New York: Springer, 2011.

Cunningham, Brent. "Rethinking Objectivity." *Columbia Journalism Review* 42, no. 2 (July-August 2003): 24–32. (http://archives.cjr.org/united_states_project/rethinking_objectivity_a_wisco.php).

DeSteno, David, and Piercarlo Valdesolo. "Manipulations of Emotional Context Shape Moral Judgment." *Psychological Science* 17, no. 6 (2006): 476–477.

Douglas, Lawrence. "Donald Trump's Dizzying Time Magazine Interview Was 'Trumpspeak' on Display." *Guardian*, March 24, 2017. (https://www.theguardian.com/commentisfree/2017/mar/24/donald-trumps-dizzying-time-magazine-interview-trumpspeak).

Edkins, Brett. "Donald Trump's Election Delivers Massive Ratings for Cable News." *Forbes*, Dec. 1, 2016.

Eilperin, Juliet. "Climate Skeptics Seek to Roll Back State Laws on Renewable Energy." *Washington Post*, Nov. 25, 2012.

Ellis, Justin. "Why the Huffington Post Doesn't Equivocate on Issues like Global Warming." *NiemanLab*, April 16, 2012. (http://www.niemanlab.org/ 2012/04/why-the-huffington-post-doesnt-equivocate-on-issues-like-global-warming/)

Farhl, Paul. "One Billion Dollars Profit? Yes, the Campaign Has Been a Gusher for CNN." *Washington Post*, Oct. 27, 2016.

Fessler, Daniel, et al. "Political Orientation Predicts Credulity Regarding Putative Hazards." *Psychological Science* 28, no. 5 (2017): 651–660.

Fleeson, Lucinda. "Bureau of Missing Bureaus." American Journalism Review (October-November 2003). (http://ajrarchive.org/article.asp?id=3409).

Frankfurt, Harry. *On Bullshit.* Princeton: Princeton University Press, 2009. (ハ

参考文献

Abrams, Lindsay. "BBC Staff Ordered to Stop Giving Equal Airtime to Climate Deniers." *Salon*, July 6, 2014. (http://www.salon.com/2014/07/06/bbc_staff_ordered_to_stop_giving_equal_air_time_to_climate_deniers/.)

Arendt, Hannah. *The Origins of Totalitarianism*. New York: Harcourt, Brace, 1951. (ハンナ・アーレント『全体主義の起原 全三巻［新版］』大久保和郎ほか訳、2017年)

Asch, Solomon. "Opinions and Social Pressure." *Scientific American* 193 (November 1955): 31-35.

Beck, Julie. "This Article Won't Change Your Mind." *Atlantic*, March 13, 2017.

Bedley, Scott. "I Taught My 5th-Graders How to Spot Fake News: Now They Won't Stop Fact-Checking Me." *Vox*, May 29, 2017. (https://www.vox.com/first-person/2017/3/29/15042692/fake-news-education-election).

Benson, Ophelia, and Jeremy Stangroom. *Why Truth Matters*. London: Continuum, 2006.

Berube, Michael. "The Science Wars Redux." Democracy Journal (winter 2011): 64-74.

Blackburn, Simon. *Truth: A Guide*. Oxford: Oxford University Press, 2007.

Boghossian, Paul. *Fear of Knowledge*. Oxford: Oxford University Press, 2006.

Bolstad, Erika. "Florida Republicans Demand Climate Change Solutions." *Scientific American*, March 15, 2016. (https://www.scientificamerican.com/article/florida-republicans-demand-climate-change-solutions/)

Boykoff, Maxwell, and Jules Boykoff. "Balance as Bias: Global Warming and the US Prestige Press." *Global Environmental Change* 14 (2004): 125-136.

Braman, Donald, et al. "The Polarizing Impact of Science Literacy and Numeracy on Perceived Climate Change Risks." *Nature Climate Change* 2 (2012): 732-735.

Bridges, Tristan. "There's an Intriguing Reason So Many Americans Are Ignoring Facts Lately." *Business Insider*, Feb. 27, 2017.

Cadwalladr, Carole. "Daniel Dennett: 'I Begrudge Every Hour I have to Spend

著者略歴

リー・マッキンタイア（Lee McIntyre）
1962年生まれ。ボストン大学哲学・科学史センターリサーチフフェロー、ハーバードエクステンションスクール倫理学インストラクター。著書に、*Philosophy of Science*（Routledge, 2019）, *The Scientific Attitude*（MIT Press, 2019）, *Respecting Truth: Willful Ignorance in the Internet Age*（Routledge, 2015）, *Dark Ages: The Case for a Science of Human Behavior*（MIT Press, 2006）, *Laws and Explanation in the Social Sciences*（Westview Press, 1996）. など。

訳者略歴

大橋完太郎（おおはし　かんたろう）
1973年生まれ。東京大学大学院総合文化研究科博士課程修了。博士（学術）。現在、神戸大学大学院人文学研究科准教授。専門はフランス思想、近現代芸術理論および表象文化論。著書に、『ディドロの唯物論』（法政大学出版局、2011年）。論文に「ポスト・トゥルース試論：現象と構造」（『美学芸術学論集』第15号、2019年）など。共訳書にカンタン・メイヤスー『有限性の後で』（人文書院、2016年）など。

居村匠（いむら　たくみ）
1991年生まれ。神戸大学大学院人文学研究科博士課程前期課程修了。現在、同大学大学院博士課程後期課程在学および京都芸術大学非常勤講師。専門は美学・芸術学、ブラジル美術。論文に「エリア・オイチシカ《トロピカリア》における侵襲性と〈食人の思想〉」（『美学』第68巻第２号、2017年）、「オズワルド・ヂ・アンドラーヂの批評におけるブラジル性について」（『美学』第70巻第２号、2019年）など。

大﨑智史（おおさき　さとし）
1987年生まれ。神戸大学大学院人文学研究科博士課程後期課程退学。現在、立命館大学映像学部講師。専門は、映画研究、視覚文化論。論文に「映像のなかのスクリーン――リアプロジェクションをもちいた多層的映像をめぐって」（『美学』第69巻第２号、2018年）、「モンスターに触れること――『キング・コング』における特殊効果のリアリティ」（『叢書セミオトポス15』、新曜社、2020年）など。

西橋卓也（にしはし　たくや）
1992年生まれ。神戸大学大学院人文学研究科博士課程前期課程修了。現在、同大学大学院博士課程後期課程在学。専門は映画研究。論文に「『カサブランカ』における排除と包摂の力学――亡命者の表象を中心に」（『第69回美学会全国大会　若手研究者フォーラム発表報告集』、2019年）。

ISBN 978-4-409-03110-0 C1010

ポストトゥルース

二〇二〇年九月三〇日　初版第一刷発行
二〇二二年五月三〇日　初版第二刷発行

著　者　リー・マッキンタイア
監訳者　大橋完太郎
訳　者　居村　匠
　　　　大﨑智史
　　　　西橋卓也

発行者　渡辺博史
発行所　人文書院
〒六一二-八四四七
京都市伏見区竹田西内畑町九
電話〇七五（六〇三）一三四四
振替〇一〇〇〇-八-一一〇三

印刷　創栄図書印刷株式会社
装丁　村上真里奈

カンタン・メイヤスー著／千葉雅也、大橋完太郎、星野太訳

有限性の後で

偶然性の必然性についての試論

二二〇〇円

この世界は、まったくの偶然で、別様の世界に変化しうる。
人文学を揺るがす思弁的実在論、その最重要作、待望の邦訳。

カンタン・メイヤスーの最初の一冊にして代表作である本書は、さほど長いものではないが、濃密に書かれた書物だ。アラン・バディウが序文で述べるように、これは一種の「証明」の試みに他ならない。何を証明するのか。ひとことで言えば、事物それ自体を思考する可能性があるということの証明である。カントの用語を使うならば、本書は、私たちを「物自体」へ向けて改めて旅立たせるものである、と紹介することもできるだろう。（訳者解説より）